U0361680

CORPORATE
FINANCING

企业融资IV

融资规划+股权设计+融资实操

柴熙贤◎著

清华大学出版社
北京

内 容 简 介

公司要想获得更好的发展，实现规模扩张，必须有资金作为支撑。资金往往决定着公司经营的成败，而融资则是公司获取资金、实现更好发展的重要途径。本书以融资为基础进行策划，为读者讲述新时代的融资方法论。

全书分为三篇，上篇介绍融资规划，讲述与融资相关的各项基础工作；中篇介绍股权设计方法及技巧，传授分配股权的新策略和新模式；下篇介绍融资实操相关内容，可以帮助公司进一步完善融资体系，从而更好地吸引投资者。

本书基本覆盖了融资的所有重要知识，具有很强的实用性和可操作性，有利于公司更高效、更顺利地筹到钱。

另外，本书还加入了一些比较新颖的案例，如阅文、爱尚鲜花等，可以帮助读者更好地理解知识点，并且积累更多有价值的实践经验。

本书不仅适合创业者阅读，也适合高层管理者、其他管理人员、融资工作人员、有融资需求的群体以及对融资感兴趣的群体阅读。

图书在版编目(CIP)数据

企业融资 . Ⅳ , 融资规划 + 股权设计 + 融资实操 / 柴熙贤著 . —北京：清华大学出版社，2022.12（2024.6 重印）

（新时代·管理新思维）

ISBN 978-7-302-61951-2

Ⅰ . ①企⋯　Ⅱ . ①柴⋯　Ⅲ . ①企业融资　Ⅳ . ① F275.1

中国版本图书馆 CIP 数据核字 (2022) 第 178929 号

责任编辑：刘　洋
封面设计：李召霞
版式设计：方加青
责任校对：王凤芝
责任印制：沈　露

出版发行：清华大学出版社
　　　网　　　址：https://www.tup.com.cn，https://www.wqxuetang.com
　　　地　　　址：北京清华大学学研大厦 A 座　　　　邮　　编：100084
　　　社　总　机：010-83470000　　　　　　　　　邮　　购：010-62786544
　　　投稿与读者服务：010-62776969，c-service@tup.tsinghua.edu.cn
　　　质　量　反　馈：010-62772015，zhiliang@tup.tsinghua.edu.cn
印 装 者：三河市东方印刷有限公司
经　　销：全国新华书店
开　　本：170mm×240mm　　　印　　张：17　　　字　　数：266 千字
版　　次：2022 年 12 月第 1 版　　　印　　次：2024 年 6 月第 3 次印刷
定　　价：88.00 元

产品编号：098251-01

序 言

任何公司，尤其是科技公司，在经历起步阶段后，就进入了规模扩张阶段。这时，资金就成为影响公司发展的最大瓶颈之一。在短时间内完成融资，无疑是为公司插上了腾飞的"翅膀"，有利于公司提升自身综合实力。

不论是中小型公司还是大型公司，很多都在通过各种渠道拿着自己的项目计划书找投资人融资，以期筹得自己需要的资金。但融资是一件很容易的事吗？显然不是。

在投（融）资界，任何一个项目如果被大范围无效传播，其对投资者的吸引力就会大幅下降。当然，如果是很有实力的公司推出的非常有前景的项目，那情况就不同了，这样的项目往往会被诸多投资者追捧。然而事实是，这样的项目十分稀有，可谓凤毛麟角。如果采用债权融资，银行在审核公司融资需求时出于对信贷规模的考虑，则会十分谨慎，不会轻易地为公司放款。

在内外部环境不断变化的影响下，很多公司为了维持正常运营，迫切需要资金支持。面对如此严峻的形势，融资逐渐成为公司不得不解决的一个"老大难"问题。本书可以帮助创业者厘清融资思路，找到适合自己的融资方案。

本书的作者长期研究投融资，非常了解现行金融体制，曾经指导很多公司进行融资，积累了宝贵的实践经验。本书正是作者对自身融资实践经验的总结，有别于其他同类的融资书籍。

在本书中，作者以独特的视角梳理了融资相关事宜，加入了基本面分析、

PR（全称为 Public Relations，即公共关系，在本书中是指融资过程中的沟通与传播）体系搭建、投资行为分析、融资顾问机构助力等其他融资类书籍鲜少提及的内容。

当然，对于融资战略制定、商业计划书撰写、调整公司估值、投资者筛选等经典内容，作者也倾尽自身能力为读者一一讲述，确保本书在具备创新性的同时可以让大家尽快上手。

我国有上千万家公司，但真正熟知融资知识并能熟练应用的其实并不多。正因为如此，本书就显得弥足珍贵。通过本书，读者可以从各方面了解一个优秀的创业者应该如何顺利完成融资，实现企业长期稳定发展的目标。

为了方便大家操作，作者坚持用通俗易懂的文字撰写本书，希望可以真正解决"融资有道，道在哪里"这个问题。作者借助本书展示了融资流程，将每个环节应该注意什么、具体要如何操作、有哪些成功案例，都讲得非常清楚，而且还传授给大家持续融资的技巧。

无论是有经验的融资老手，还是缺少经验的融资新人，都可以读懂本书，并从中挖掘到极具价值的知识宝藏。我深信，这本普及性、可操作性、创新性、实用性兼备的书，一定会受到读者的欢迎。我希望本书可以给读者一些启发，让大家认识到融资的重要性和价值所在，也期待读者在本书的帮助下可以尽快融资成功。

最后，祝愿本书成为广大读者必备的融资工具书。

江苏令同律师事务所主任　祝友良

前　言

俗语有云"君子爱财，取之有道"，这句话的大意是君子要借助正当渠道获取财富。其实这句俗语也非常适用于融资领域，即创业者要靠智慧筹集公司发展所需资金。对于公司来说，资金是确保经济活动正常开展的第一推动力和持续推动力，其价值显而易见。

鉴于资金的重要性，融资自然成为公司的核心任务之一。在融资过程中，投资者在给予公司资金的同时也成为公司的股东，而且会与创业者站在同一阵营，助力公司进步与成长。为了获得投资者的青睐，创业者需要选择合适的融资方式、优化公司的发展战略、完善组织架构和财务体系，同时还要设法提升盈利能力。

融资不是一项独立存在的工作，而是与运营过程中的很多环节息息相关。因此，融资不能脱离这些环节，而是要紧紧围绕公司的总体目标，精心规划，走出一条宽广的融资之道，借助投资者的力量实现公司稳健、长久发展。

本书系统、全面、深入地传授了融资知识与技巧，内容涉及基本面分析、融资战略制定、商业计划书撰写、做大公司估值、股权分配方案、控制权问题、最优股权架构、动态股权模式、PR 体系搭建、投资者筛选、投资行为分析、融资顾问机构助力、融资合同签署、持续融资技巧等多个方面，能够让创业者在融资时少走弯路，更高效地解决融资问题。

本书具有以下特色：

（1）注重细节，摒弃空洞说教，用生动、形象的文字介绍内容。

（2）有很强的操作性、实用性、专业性、权威性。

（3）全方位讲述与融资相关的知识和技巧。

（4）条理清晰、逻辑性强、语言通俗易懂，阅读体验好。

（5）有丰富的案例可供学习借鉴。

（6）融入了大量的经验之谈，有很强的创造性。

如果读者在学习了内容后，可以感受到融资的重要性和魅力所在，掌握了一定的融资方法，那么本书就是成功的。我希望读者可以通过本书了解融资在吸引人才、解决资金问题、推动公司发展等方面的作用，真正认识到这项工作的价值，并做好融资工作。

衷心感谢在写作过程中给予我帮助的人；感谢对本书提出宝贵意见的人；感谢在专业知识方面为本书提供建议的人。同时，感谢家人和朋友的支持。

由于时间和水平限制，本书难免有错漏之处，希望大家批评指正。

目　录

中篇 股权设计

第 5 章 股权分配方案：为投资者进入做准备 / 86

下篇　融资实操

上篇　融资规划

第 1 章

基本面分析：融资前
先把"底"摸清

基本面分析是对市场、行业、公司的分析，如市场机会分析、市场竞争格局分析、公司所处发展阶段分析等。在融资前，创业者需要做好基本面分析，这项工作有助于创业者了解市场、行业、公司的当下情况及未来发展情况，同时也会影响投资者的投资决策。

1.1

了解市场，为公司做宏观分析

投资者在投资时会评估公司所处行业是否有前景，所以如果想顺利完成融资，创业者就应该先于投资者了解市场，为公司做宏观分析。更重要的是，这样也可以使公司生产出满足市场需求的产品，进一步完善经营与管理策略，从而提高经济效益。

1.1.1 行业发展的主要驱动因素

行业发展是公司转型升级的基础，也是公司获得盈利的重要前提。对于那些身处夕阳行业的公司，投资者通常是不会费心关注的。当然，如果公司有特别强的综合实力，那就另当别论了。为了判断几年后行业可能发生的变化是否会对公司产生影响，也为了更好地打消投资者的疑虑，创业者需要借助PEST模型了解行业发展的主要驱动因素。

1. 政策（Policy）

政策代表着行业所处的大环境，有政策扶持的行业通常发展前景会比较好。因此，创业者应该选择有政策优势的行业，例如战略性新兴行业、绿色能源行业等。

2. 经济（Economy）

一些与经济相关的指标可以反映市场现在和未来是否景气，而且很多行业的发展是相互影响的。智研咨询提供的数据显示，2021年我国房地产开发投资额为147602亿元，比2020年多了6159亿元，同比增长4.35%。家居装饰行业作为房地产行业的下游，市场景气度与房地产行业密切相关，其发展状况在很大程度上是由房地产行业决定的。2021年房地产行业的经济情况有所好转，家居装饰行业也随之获得了发展。

3. 社会（Society）

社会结构和流动性变化影响行业发展。例如，当出生率下降时，婴儿用品行业的增长速度会逐渐放缓，行业竞争格局会发生变化；当老龄化问题比较严重时，养老服务及其相关硬件产品会广受欢迎，该行业将得到新一轮发展。

4. 技术（Technology）

在数字化时代，以云计算、大数据、人工智能、物联网等为代表的技术，正在对很多行业产生影响，并不断冲击着这些行业的价值链。越来越多的公司在重构自身商业模式和业务模式，以应对行业变革。当然，这些公司也是促进商业发展的重要推动力。

除了上述四个因素，行业规模也非常重要。通常行业规模越大，行业的扩展度越广，公司的业务越不会局限于某些地区，创业者的成功概率也会更高。在实际操作时，创业者可以通过目标群体数量看出行业规模，例如那些可以为大众服务的行业，规模往往比较大，而服务于某一类用户的行业，规模则比较小。

需要注意的是，创业者很难准确预测一个行业的未来发展情况，只能进行趋势和方向上的判断。

1.1.2 识别市场机会："蛋糕"是否够大

很多创业者可能听过这样的话："有问题，就意味着有机会，二者相当于

'硬币'的正反面。"换言之，当问题出现了，市场机会也就随之而来，创业者可以从中挖掘巨大的商业价值和发展空间。在创业过程中，创业者要善于对市场机会进行识别。

1. 创业者要明确业务范围

明确业务范围可以帮助创业者了解用户类型，分析自己的产品可以满足哪些用户的哪些需求，以及公司能够通过哪些方法满足这些需求等。另外，创业者如果发现公司发展战略需要调整，那一定要保证调整后的战略与业务范围的变化是有连贯性的。

2. 创业者要进行市场分析

创业者应该对市场进行分析，以便更精准地判断产品是否满足了用户的需求，以及用户还有没有尚未被满足的需求。这样创业者才能找到更多市场机会，从而使公司获得更好的发展。但创业者必须知道，不是所有市场机会都适合公司。这就要求创业者分析市场机会与公司的匹配度，例如判断市场机会与营销渠道、品牌定位、主营业务等是否一致。

3. 创业者要进行 SWOT 分析

在 SWOT 分析中，"S"是 Strength，指公司自身优势；"W"是 Weakness，指公司自身劣势；"O"是 Opportunity，指市场机会的外部有利要素；"T"是 Threat，指市场机会的外部威胁。创业者可以借助 SWOT 分析评估公司目前面临的市场机会。如果公司自身劣势过多，而且面临很严重的外部威胁，那就很难挖掘出市场机会，也无法获得投资者的青睐。

4. 创业者要分析市场容量

市场容量大，通常意味着公司可以盈利，创业者可以挖掘出比较不错的市场机会。与市场容量相关的指标有三个：愿意消费且有购买能力的用户数量；潜在消费者的购买频率；公司能够生产出的产品数量。小米公司每年都

会推出新手机来吸引用户，同时会通过一些营销策略让已有用户成为新消费力量，这是其非常有优势的一个竞争点。

5.创业者要判断市场机会是否符合公司实际情况

判断市场机会是否符合公司实际情况是一个非常重要的环节。例如，公司只有具备与市场机会相匹配的能力，才可以将市场机会转化为真正的收益，从而吸引投资者投资。

1.1.3 市场竞争格局分析

投（融）资界有一个不争的事实——竞争不会提升公司的价值。通常来说，更多的竞争意味着更多的用户选择和更少的盈利。投资者往往不愿意为处在竞争中尤其是处在激烈竞争中的公司投资。创业者要想了解公司面临的竞争情况，需要进行竞争格局分析，如图 1-1 所示。

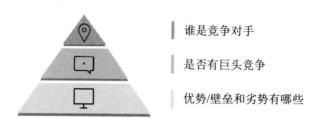

图 1-1　竞争格局分析

1.谁是竞争对手

在进行竞争格局分析前，创业者首先要找到一个合适的竞争对手。如何找到合适的竞争对手？第一步，选择竞争领域，对市场进行深入了解，确定自己定位的细分领域，与此同时，将竞争对手也锁定在这个细分领域中；第二步，选择竞争目标，明确公司对未来发展的预期，决定奋斗方向。在大多数情况下，阻碍或者推动公司不断进步、与公司有相同目标的同行业公司就可以作为竞争对手。

2. 是否有巨头竞争

必须首先关注巨头的发展情况，想一想公司所处行业是否有巨头，是不是有多家巨头。如果有巨头，甚至有多家巨头，那就必须谨慎。但是，如果各巨头之间存在相互竞争，无暇顾及小公司，创业者就应该抓住机会。

从业务层面看，创业者要尽可能避免与巨头的业务重合。对于投资者来说，如果公司的业务与巨头的上下游业务相关，那就可能与巨头形成竞争关系。以电商为例，创业者仅突出品类上的差异远远不够，因为巨头有充足的资金调整团队结构、业务方向和提高产品质量。

创业者如果选择将巨头作为竞争对手，试图在市场中分得一杯羹，那么创业风险会非常大。

3. 优势 / 壁垒和劣势有哪些

对优势 / 壁垒和劣势的分析可以让创业者对自己和竞争对手有一个清醒的认识，这不仅有利于公司在竞争中处于主动地位，还能给投资者留下深刻印象，有助于成功获得投资。在分析时，创业者通常需要注意两个方面：产品 / 服务、经营。

公司之间的竞争通常是在产品和服务层面展开的，但大多数投资者似乎更关注产品层面。因此，创业者在进行竞争分析时，应当重点关注产品的定位、市场、成本及价格、广告投入、发展趋势等方面。

此外，优势 / 壁垒和劣势分析还可以在经营层面展开。例如，创业者可以通过营销战略、推广渠道、关键财务数据、人力资源政策等的对比体现公司的竞争优势。

从理论上讲，竞争对手当然越少越好。如果竞争对手太多或者太强大，创业者就要先思考怎样将项目做下去，然后再用自己的资源让项目突出重围，从而说服投资者。

1.2

围绕五大问题深入了解公司

正所谓"知己知彼，百战不殆"，创业者在融资前应该把公司的基本情况熟记于心，如公司目前处于哪个阶段、盈利点在哪里、核心目标群体是谁等。创业者对公司有更深刻的认识，更有利于提升投资者的信任感。

1.2.1　公司目前处于哪个阶段

在融资过程中，大多数公司的生命周期都包括三个阶段，即启动阶段、发展阶段、扩张阶段。了解公司目前处于哪个阶段可以帮助创业者制订合适的融资方案，使公司顺利获得投资者的青睐。图 1-2 是公司分阶段融资的过程。

图 1-2　公司分阶段融资的过程

根据图 1-2 可知，在启动阶段，公司需要启动资金，创业者应该提前规划资本战略；在发展阶段，公司需要大量资金，这时就应该寻求 VC、PE 等的帮助；在扩张阶段，战略资金是公司最大的需求，该需求一旦被满足，创业者就拥有了占领市场的能力。

公司所处阶段不同，融资的目的和作用通常也不同。

在创业初期，百度获得了来自 Integrity Partners 和 Peninsula Capital Fund 两家 VC 高达 120 万美元（双方各 60 万美元）的投资，这笔钱成了百度起航的第一批"燃料"。百度用这笔钱打造了自己的搜索引擎，为以后"商业大厦"的建成打下了牢固基础。

随后，在第二轮融资中，百度获得了 Integrity Partners、Peninsula Capital Func，以及美国知名风险投资机构 DFJ 和 IDG 的青睐，顺利拿到了 1000 万美元投资。此时百度仍然处于创业初期，其搜索引擎还在进一步完善中，但这笔钱帮助其顺利度过了技术攻坚期。

接下来就是百度上市前的第三轮融资。此时百度已是大家熟知的品牌公司，搜索引擎已经非常成熟。在这轮融资中，百度面临的问题是选择谁作为自己的战略投资者。只有和足够优秀的战略投资者合作，百度才能巩固来之不易的成就，从而获得更长远的发展。百度最终选择了谷歌作为战略投资者，对此，李彦宏表示，谷歌的加入有利于提升百度的知名度和影响力，百度不会辜负谷歌的信任。因为谷歌只拥有百度极少的股权，不足以影响百度的发展策略，所以百度仍然是一家独立运营的公司。

综上，百度根据不同阶段的需求，通过三轮融资，获得了相应的资金，建立了自己在搜索引擎领域的领导者地位，最终在全国乃至全球范围内"站稳了脚跟"，积累了大量用户。可以说，是投资者给予的充足"燃料"帮助百度成为搜索引擎领域一支迅速上升的"火箭"。

1.2.2 你知道公司如何赚钱吗

互联网时代的盈利模式多种多样，即使公司的盈利模式还没有成形，创业者也需要对此进行分析，因为投资者很可能会根据盈利模式的可行性做出投资决策。下面归纳了五类常见的盈利模式，创业者要弄清楚自己的盈利模式属于哪一种。

1. 实物产品模式

实物产品模式是指产品为某种实物，用户可以直接购买和使用这一实物。实物产品模式非常简单，分为以下四种情况：一是自己生产、自己销售，即自己负责产品的生产和销售；二是外包生产、自己销售，即把产品的生产环节外包出去，自己仅负责将产品销售给用户；三是只生产不销售，即自己仅负责产品生产，由分销商负责产品销售；四是不生产只销售，即自己作为分销商负责产品的销售，或者为产品销售提供交易市场。

2. 广告模式

自从成为谷歌的主要盈利渠道以后，广告就成为互联网行业首选的盈利模式。广告模式主要有卖推广位和一对一换量两种。

（1）卖推广位。一位用户刚刚结束了一局游戏，在即将进行下一局游戏时，突然跳出一个广告。如果用户下载了广告推荐的 App，就能得到一定数额的奖励。这个工作不是游戏公司自己做的，而是第三方移动广告平台策划实施的。第三方移动广告平台全盘负责广告业务，按期结算，通过分成获取利润，也可以按照广告展示次数或者用户点击次数收费。

（2）一对一换量。用户量不是很多，但资源丰富的公司，会通过一对一换量模式变现。例如，美图秀秀内置的推荐版块常常推荐几十款甚至上百款 App，就像一个小型应用商店，而这些 App 里也有美图秀秀的下载方式。双方"志同道合"，愿意一起进行规模对等的用户导入。如果用户量差别较大，那就需要用钱来弥补差价。

3. 交易平台模式

交易平台模式包括三种，分别为实物交易平台模式、服务交易平台模式、资金沉淀模式。实物交易平台模式是指为用户进行产品交易提供平台，平台方从中收取佣金，如阿里巴巴等；服务交易平台模式是指为用户提供获取服务的平台，平台方从中收取佣金，如 58 同城、滴滴出行等；资金沉淀模式是指通过为用户保管资金而赚取利差收益的模式，如支付宝等。

4. 直接向用户收费模式

直接向用户收费模式包括定期付费模式和按需付费模式两种。定期付费模式是指用户付钱后获得一定时间段的服务；按需付费模式是指用户在实际购买服务时支付相应的费用，例如用户在爱奇艺里看一部付费电影需要花费 5 元，这 5 元就是按需付费模式的收益。

5. 免费模式

免费模式是指通过免费的产品或服务吸引用户，然后再通过增值服务等方式获取收益。免费模式具体分为多种模式，比如产品免费、附件收费、产品免费、增值服务收费等。

以上是比较常见的盈利模式。盈利模式是成功融资的关键，对公司来说尤其重要。任何公司都是在不断认识自我、改善自我的过程中发展起来的。无论是哪种盈利模式，公司都要将其用得恰到好处，向投资者充分证明自己具有打入市场的无限可能性。

1.2.3 公司面对的核心目标群体是谁

亚马逊前首席财务官托马斯·司库塔（Thomas Szkutak）曾经表示，"用户至上"是亚马逊为投资者创造持久价值的关键途径之一。用户的重要性决定了创业者必须精准地找到公司面对的核心用户，并对这些用户进行细分，从而更好地将产品销售出去。要做好这项工作，创业者需要考虑的因素有很多，如图 1-3 所示。

图 1-3　用户细分考虑因素

1. 人口信息

创业者在细分用户时，首先要统计人口信息，包括性别、年龄、消费结构、婚姻状况等。例如，一位男士基本不会对化妆品和护肤品感兴趣；没有孩子的男女应该不会主动去逛婴儿用品店；老年人对新型智能产品没有太大需求；富二代大概不会去购买促销产品。

对人口信息的调查会在很大程度上帮助创业者更精准地找到优质用户和潜在用户，从而避免浪费精力和资源去开发那些不太可能成交的用户。

2. 用户类型

用户类型可以细分为常驻用户群体、临时用户群体、偶然用户群体。例如，北京有名的"六必居"是一家销售咸菜的老字号，常驻用户群体自然是那些住在北京且比较喜欢吃咸菜的家庭，他们距离店铺比较近，购买方便，每年的需求量也很大。在他们看来，不吃点咸菜可能这顿饭就会没味道，感觉像是缺点什么。

临时用户群体感觉咸菜可有可无，如果路过可能会顺便买一些，需求不大。偶然用户群体大多是去北京旅游的人，他们可能知道这个品牌，也可能不知道这个品牌，到了六必居他们会凑热闹买一些咸菜尝尝味道，一旦离开北京后，便不太可能再买六必居的咸菜。

3. 用户意愿

用户意愿是指用户选择产品的类型、价位、支付方式等。例如，每个家庭都需要用到的香皂，用户可能选择舒肤佳或者玉兰油；可能选择新上市的产品或打折的旧款；可能会选择现金、刷卡支付或者用支付宝、微信支付等。对于用户意愿的调查与分析可以帮助创业者更好地明确用户类型与各类用户的具体数量。

PayPal 是国际贸易支付工具，即时支付与到账，为公司开拓海外业务和解决外贸收款问题提供了强有力的帮助。PayPal 的创业团队对用户进行了细分，发现优步（Uber）的用户并不是他们唯一的目标群体。同时根据数据搜集与研究分析，PayPal 发现很多用户都要处理与亲朋好友之间的小额资金问题，

如出游账单、外出就餐、费用租金等。鉴于此，PayPal 拓宽了自己的用户范围，确保自己的服务可以适用于各类不同的用户。

用户细分可以帮助创业者锁定有价值的目标群体，从而提供更适合目标群体的产品或者服务。在与投资者沟通时，创业者可以结合上述案例，参考细分用户应该考虑的要素，根据自身实际需求，向投资者展示用户情况，以激发投资者的投资欲望。

1.2.4　手上有没有牢靠的竞争壁垒

创业很难。创业者做得不好，公司生存不下去；创业者做得好，创业成果可能会被别人窃取，特别是遭遇综合实力非常强的巨头，有可能瞬间被置于死地。但是，如果公司有了自己的竞争壁垒，局面就不一样了，大多数投资者也更乐于为这样的公司投资。

竞争壁垒可以分为技术、学术、产品、服务等硬性竞争壁垒，以及业务方向、数据积累能力、策略和执行力等柔性竞争壁垒。

华为之所以在智能手机领域取得成功，一定有自主研发芯片的功劳；OPPO 以"充电 5 分钟，通话两小时"的 slogan（标语、口号）将产品特性印在用户脑海中；海底捞依靠极致服务在几乎趋于饱和的火锅市场上异军突起，受到了很多消费者的喜爱；脸书（Facebook，现改为 Meta）建立用户信息保护机制，积累大量数据，在移动互联网时代得以生存和发展；谷歌注册新公司，在美国境内寻找成本低、资源丰富的数据中心，进一步提升自身搜索能力。

上述公司借助坚固的竞争壁垒成为行业佼佼者，获得了投资者的青睐。但不得不说，很多初创公司并没有足够的资源和能力打造竞争壁垒。这种情况下，我们可以采取"降维打击"战略。例如，360 公司将杀毒软件免费提供给用户使用，从瑞星、金山、卡巴斯基等公司中脱颖而出，接着又通过广告、游戏等增值业务实现盈利，成功在杀毒市场上站稳了脚跟。

大多数投资者都非常看重公司的竞争壁垒。投资者通常会从以下两个方面评估公司的竞争壁垒，从而判断自己是否应该为公司投资。

（1）赶上竞争对手的时间。投资者想知道，如果竞争对手有竞争壁垒，公司大概需要多长时间能够赶上竞争对手，同时分析公司能否有所进步。通常公司用 3～6 个月的时间赶上竞争对手或形成自己的竞争壁垒是比较理想的状态，公司可以在这段时间布局市场，吸引更多用户。

（2）竞争壁垒的持续发展性。如果公司有竞争壁垒，投资者会关心这个竞争壁垒是否可以进一步强化，让竞争对手无法超越。竞争壁垒不是一成不变的，它需要不断构建。对于投资者来说，如果公司的竞争壁垒可以持续发展，那么将非常有吸引力。

需要注意的是，竞争壁垒有两面性。过于坚固的竞争壁垒，除了会阻碍竞争对手挤进来以外，有时也会阻碍公司走出去，影响公司的发展进度。例如，在功能机时代，诺基亚是一个非常成功的品牌，其易用性、质量都很有保障，比较低的生产成本更是为其铸就了坚固的竞争壁垒，导致其感受不到市场形势的变化，也疏于对产品进行迭代升级。

iPhone 刚推出时，诺基亚根本不知道智能手机时代已经来临，依然觉得自己在功能机领域的竞争壁垒十分坚固，结果被苹果公司抢占了先机。

时代在发展，如果有竞争壁垒的公司沉湎于过去的成功，很容易落后于同类公司，也无法获得投资者的青睐。就像新浪等互联网信息门户网站，就是因为对移动互联网市场的变化缺乏敏感性，结果被今日头条这个新势力抓住机会迅速发展起来。可见，创业者要牢牢把握市场形势，及时更新自己的数据库，让公司的竞争壁垒随着时代的发展不断升级。

1.2.5 运营过程中面临的风险有哪些

20 世纪 80 年代中期，国外有关风险管理的理论进入我国。至此，风险管理研究与应用在我国起步，并逐渐受到了创业者的重视。与此同时，投资者在投资时也会关注公司的风险情况，并拒绝投资风险特别高的项目。

为了更好地"避雷"，创业者要了解公司在运营过程中可能面临的风险。通常公司会面临的风险主要包括以下六种。

（1）战略风险：新品研发风险、来自竞争对手的风险、政策变化风险、转变行业方向的风险、公司收购与合并的风险等。

（2）财务风险：债务和利息金额巨大、收益分配不合理形成的风险等。

（3）商业风险：信用风险、市场风险、法律风险、技术风险等。

（4）执行风险：信息系统安全风险、供应链风险、产品质量控制风险等。

（5）政策风险：政策调整风险、违规风险等。

（6）不可预见风险：创业者几乎无法识别，甚至根本不会意识到其存在的风险。

公司如果出现上述风险，往往会有促使其爆发的事件，而这个事件则是投资者比较关心的。有时促使风险爆发的事件不止一个，比如利率上调、公司财务预期失误、收益分配不合理等都可能引发公司的财务风险，让公司陷入财务危机等。

创业者应该考虑好将哪个事件定为风险事件。例如，公司的财务没有太大问题，只有利率是一个不能确定的因素，那么创业者就可以将利率上调定为风险事件。与此同时，创业者也应该对风险事件进行识别与规避，做到：有则改之，无则加勉。

正所谓"居安思危"，公司即使处在一个安全的环境中，也要时刻提防风险的来临，要提前想好规避方案。创业者要采取各种措施和方法，减少风险事件发生的可能性，或严格控制风险事件对公司造成的不利影响。

现在很多公司越来越重视风险管理，也会谨慎应对风险事件，甚至还会设立专门的风控部门，建立完善的风险管理与规避体系，意图很好地控制风险，并从风险中发现商机，从而获得投资者的喜爱。

1.3

评估增长机会，感受公司发展前景

在投（融）资界，巴菲特凭借敏锐的眼光，投资了苹果、可口可乐、美国运通等多家独角兽公司，被冠以"股神"称号。他之所以取得如此骄人的成

绩，主要原因之一就是他可以对标的公司发展前景进行精准评估，并据此做出投资决策。

创业者在做基本面分析时，也应该像巴菲特那样判断公司是否有发展前景。如果公司确实有发展前景，那创业者就要向投资者充分展示，以吸引投资者为公司投资。

1.3.1 用户增长是否可以持续下去

随着移动互联网的不断发展，流量思维越来越盛行。谁拥有流量入口，谁就可以吸引更多用户，从而成为最后赢家。但近几年，人口红利逐渐消失，获客成本越来越高，越来越多的公司不再盲目追求流量规模，而更加关注起流量的精准度。

也正是因为如此，超级用户思维闪亮登场，成为公司追捧的"主角"。

无论是以流量思维为先，还是以超级用户思维为先，用户增长都是一个不可忽视的重点。现在很多公司都设置了用户增长经理一职，让其负责实现公司用户数量的稳步增长。

投资者也希望看到公司的用户增长趋势，从而更精准地判断公司的发展潜力。用户增长通常包括两个过程，即用户获取和用户深耕。

1. 用户获取：从各种渠道获取用户

在移动互联网环境下，用来获取用户的流量渠道属于营销的一种新形态。用户获取通常不是一步就可以完成的，而是要借助多个渠道，与用户进行多次互动才会最终实现。在这个过程中，公司可以通过以下方法实现用户增长。

（1）开发更多流量，即拓展更多用户获取渠道。

（2）做好推广宣传，增加产品和品牌的曝光度。

（3）运营好流量池，让更多流量进入流量池并进一步提升转化率。

2. 用户深耕：通过精细化运营提升用户的生命周期价值

用户的生命周期价值与其留存情况和活跃情况息息相关，而留存和活跃则是相互增强的关系，二者构成了彼此赋能的链条。因此，公司要想做好用户深耕，首先得从提升用户留存率和活跃率入手，采取组织线上 / 线下活动、建立用户社群等各种措施。

下面以电商公司为例，分析其用户增长情况。电商行业已经发展了 20 多年，未来的用户增长点将在私域电商领域。根据腾讯营销洞察（TMI）和波士顿咨询（BCG）提供的数据，2021 年，有 75% 以上的用户曾经在私域电商领域消费，还有 80% 的用户表示愿意在私域电商领域消费。2022 年，私域电商领域会吸引越来越多的用户，从而实现大规模用户增长。

创业者可以向投资者展示公司和整个行业的用户增长情况，并制订合理的用户增长方案。但需要注意的是，聪明的投资者会谨慎审核公司提供的信息，判断用户是真正增长还是虚假增长，从而做出更为精准的投资决策。

1.3.2　公司获取知识产权的情况

很多公司，尤其是中小型公司只关注如何推广自己的产品，以及如何获得更多收益，忽视了极具价值和竞争力的知识产权。知识产权涉及的范围非常广，所有公司都需要对知识产权的保护有足够的重视。当然，知识产权也可以彰显公司的实力，使公司更容易获得投资者的资金和资源支持。那么，知识产权具体会给公司带来哪些好处呢？

（1）知识产权可以帮助公司保护产品。以专利为例，竞争对手是不可模仿和复制公司专利产品的，这样可以提高专利产品的市场份额，避免公司陷入激烈竞争。

（2）知识产权有防御作用。公司要保护自己的知识产权不被侵犯，同时还要确保不侵犯其他公司的知识产权。掌握了知识产权，公司就可以在与其他公司发生纠纷时用法律武器维护自己的利益。

（3）知识产权是无形资产，是经过创造性劳动得到的成果，可以充分激发公司的创新积极性，提高公司的综合实力，为公司创造巨大的经济效益。这种无形资产的价值往往比有形资产更高，例如技术专利、商标等蕴含的价值通常是不可估量的。

（4）知识产权是公司创新能力的证明。一家公司的创新能力，与其知识产权保有量息息相关。知识产权可以帮助公司树立良好的品牌形象，帮助公司获取投资者的更大信任。

（5）知识产权可以为公司带来额外收益，如许可其他公司使用知识产权的许可费、获取政府的资金支持等。

现在市场竞争已经达到了白热化阶段，各大公司都希望通过知识产权形成自己的优势，苹果公司在这方面就做得非常好。

众所周知，在智能手机市场中，苹果公司独占鳌头，市场份额长时间保持领先地位。虽然苹果公司的产品有 60% 是由富士康生产的，但富士康只能拿到大约 2% 的利润，其他大部分利润则归属于苹果公司。苹果公司之所以能够拿到大部分利润，主要是因为其拥有的知识产权，包括商标、技术专利、软件著作权等，为其带来了巨大的无形价值。

在当今经济迅速发展的时代，知识产权已经成为公司发展的重要推动力，可以让公司保持技术领先地位，获得更多收益。而且，知识产权还是公司独有的财富，这笔财富是其他公司偷不走也抢不走的。所以，创业者不妨将公司获取知识产权的情况展示出来，以彰显公司的实力和背后隐藏的巨大增长机会。

1.3.3　未来，公司的盈利能力如何

"公司的盈利能力越强，价值越大，回报越丰厚"，这是很多投资者的共识。创业者需要分析公司的盈利能力，并将其展示给投资者，以获得投资者的青睐。可以反映盈利能力的指标有很多，主要包括销售毛利率、销售净利率、总资产报酬率、总资产净利率、净资产收益率、资本保值增值率、项目变现难度等。

以项目变现难度为例，通常那些容易变现的项目可以为公司带来更多收益，也更容易吸引投资者。项目变现难度是由四个要素共同决定的，即项目自身情况、市场情况、营销策略、经济环境。投资者会根据这四个要素对项目变现难度进行判断。如果项目变现难度较低，那么公司就较容易获得融资；反之，则需要通过展示其他优势来吸引投资者。

除了上述提到的四个要素以外，公司能否持续盈利在投资者眼中也很重

要。投资者为公司投资是为了获得利润，如果只在前期利润可观，后期盈利处于停滞状态，甚至是负增长状态，就会导致投资者不仅得不到收益，而且可能连成本都收不回来。

所以，为了自身利益考虑，投资者往往不会为无法持续盈利的公司投资。这就要求创业者要向投资者展示公司盈利的可持续性。一般盈利的可持续性表现在以下几个方面。

（1）公司最近几年一直保持着持续盈利的状态，没有出现利润负增长情况。

（2）公司的盈利模式和利润来源比较稳定，没有过度依赖股东、实际控股人。

（3）公司当前的主要业务、产品或服务的发展前景广阔，能够实现可持续发展。

（4）公司的管理和经营模式稳定，基本不会发生不利于项目顺利进行的变动。

（5）管理层核心人员和技术型人才相对稳定，短期不会发生调动或离职。

（6）公司的主要资产、核心技术或其他重大权益都是合理合法的，且能够持续利用。

（7）没有对公司持续经营产生巨大影响的担保、仲裁、诉讼或其他变动因素。

投资者在投资时会根据上述几个方面判断盈利的可持续性，创业者应该及时向投资者介绍与之相关的内容。

另外，为了资金保值和收益最大化，有些公司会选择将资金用于投资理财，这样也有利于提升盈利的可持续性。但创业者应注意的是，投资理财很可能会降低资金的流动性，遇到特殊情况如果无法及时变现，可能会影响公司现金流的稳定性。

收益最大化和盈利可持续是投资者投资公司的根本动力，也是公司获得更多盈利的关键。具备强大盈利能力的公司可以进一步提升自身的市场竞争力，帮助投资者获得更丰厚的回报。创业者要从多项指标入手，结合行业实际情况分析公司的盈利能力，给投资者吃下"定心丸"。

章末总结

1. 促使某个行业获得发展的因素很多，但真正算得上驱动因素的通常有3～4个，如政策、经济、技术等。创业者必须对这些驱动因素进行辨别，从中筛选出最重要的驱动因素，并将关注的重点集中在这些因素上。

2. 市场机会中隐藏着目前存在但未被满足的需求，即客观上已经存在或即将形成，却未被其他公司挖掘出来的需求。对于创业者来说，识别市场机会是一项重要工作，要做好这项工作，一是应该深入调查市场现状；二是应该准确把握市场规律，预测未来趋势。

3. 有些创业者在面临竞争时无所适从，甚至会刻意躲避。其实不是所有的竞争都会给公司带来伤害，适度的竞争反而能够促进公司的发展。所以，当公司面临竞争时，创业者要做的不是躲避竞争，而是正视竞争、分析竞争。只有敢于竞争，才有赢得更多的机会。

4. 根据笔者的从业经验，即使是同一个行业的公司，实际情况也是千差万别的，更不要说各行各业的不同公司了。因此，所有打算融资的创业者都应该修炼一种能力——快速了解公司的能力。在融资过程中，这是投资者非常看重的一项很有价值的可迁移能力。

5. 要了解公司，创业者可以从所处阶段、盈利模式、目标群体、竞争壁垒、风险等方面入手。这几个方面与公司的发展息息相关，是投资者非常看重的部分。

6. 投资者投资一家公司，本质上是在满足自己的盈利需求。为了确保这个需求可以被满足，投资者会十分关注公司的增长情况，即发展前景。在融资前，创业者应该评估公司的增长持续性、知识产权现状、盈利能力，以便后期可以向投资者展示一家有发展前景的公司。

第 2 章

融资战略制定：全方位做缜密构思

融资战略是公司为了顺利完成融资所构建的融资组合，它不仅直接影响公司的融资能力，还影响公司的融资成本。科学、合理的融资战略可以帮助公司顺利实现融资目标，提高经济效益。现在越来越多的公司已经将制定融资战略作为一项核心工作看待。

2.1

加强资本管理：有方向就严格执行

　　随着市场经济体制的进一步完善，资本逐渐被视为一种经济权力，越来越多公司借助资本的力量跨过生存阶段，进入高速成长阶段。在转变过程中，隐藏在资本背后的真相也暴露在我们面前。为了更好地发挥资本的价值，公司需要加强资本管理，即在综合分析公司内外部环境的基础上，对公司的未来发展方向做出谋划和优化，争取以更快的速度实现总目标。

2.1.1　盘点所有资本，设置财富目标

　　很多公司规模不大，基本不涉及非常严重的债权与债务问题，经营成果往往集中体现在资本上。这些公司的资本一旦出现问题，创业者的损失就会是巨大的。因此，公司要定期对资本进行盘点，消除财务隐患。

　　这里所说的资本，包括货币资本、实物资本、无形资本。其中，货币资本主要包括现金、应收账款、股票、债券等。实物资本主要包括产品、原料、机械设备、办公场地等。这两种资本回报率较低，通常占总回报率的30%。剩下70%的回报率则由无形资本带来，如知识产权、技术专利、商标、人才、用户数据等。

　　因此，除了对公司的资产、人才、业务等进行盘点外，还需要梳理公司的无形资本。这可以帮助我们更科学地设置财富目标，更好地制定资本战略，实现公司的可持续发展。

资本的增长与经营和管理方式息息相关，因此，除了实现经济效益最大化外，还要努力实现管理效率最大化，这样才能帮助我们快速实现公司资产的倍数增长。与此相对应的，就是实现公司价值最大化的方法。

1. 增大公司的现金流

贴现现金流法是用于估算公司价值的常用方法，它基于这样一个基本概念，即公司的价值等同于其在未来现金流之和的折现。由此我们不难得知，提升公司的现金流也可以实现公司价值的提升。科学的投资可以通过实现公司资金的高效运作而提升公司的效益，同时降低公司的偿债负担及投资风险。除此之外，增加产品销售渠道、提高主营业务利润率、降低产品成本费用、优化股利分配方案等，都可以帮助我们增大公司的现金流，实现公司价值的最大化。

2. 优化资本结构

实现资本结构优化的实质是降低资本的加权平均成本（将不同资本进行加权平均计算后获得的平均成本）。发展融资租赁、变卖资产融资、进行债券筹资等方式都可以帮助我们降低资本的加权平均成本，优化资本结构，实现公司价值的最大化。

3. 优化治理机制

公司的治理机制即对公司经营情况进行监督与管理的制度，广义上还包括公司的组织方式、财务机制、激励机制、代理机制等。优化公司治理机制要求我们聘用专业人才，建立科学的公司制度，定期对公司管理人员进行业绩考核。实现公司治理机制优化可以完善公司的经营模式，提高公司的运作效率，间接实现公司价值的最大化。

2.1.2　可以随时支配的资金更有价值

正所谓"流水不腐，户枢不蠹"，流动能带来旺盛的活力，资金也是如此，可以随时支配的资金拥有更大的价值。资金的价值很多时候是通过流动过程赋

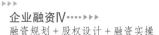

予的，资金的流动次数越多，意味着借助资金达成的交易越多，通过交易创造的财富也越多。当资金可以创造更多财富时，其自然就会变得更有价值了。下面通过一则故事来讲述资金流动的重要性。

一位富翁十分珍爱自己的财富，他将一大袋黄金埋在石头下，每隔几天都会来看一看、摸一摸他心爱的黄金。有一天，一个小偷尾随富翁来到埋黄金的地方，在富翁离开后就把黄金偷走了。富翁发现自己的黄金被人偷了，伤心欲绝。

这时正巧一位长者途经此地，在了解事情缘由后，他告诉富翁可以"找回黄金"。而后，这位长者拿起金色油漆，将石头涂上颜色，在上面写下"一千两黄金"字样。写完后，长者告诉富翁，从今天起，你可以来这里看你的黄金，而且不用担心黄金再被人偷走了。

这位长者一语道破资金流动的本质：如果我们不进行利用，黄金与石头并无区别。在公司的经营过程中也是如此，固定资金价值回收较慢，维护费用较高，导致公司收益直线下降。在遇到金融危机时，固定资金更容易出现大幅减值。

资金只有在流动中才能产生价值，这里的流动其实就是指交易、投资等经济活动。让公司的资金流动起来，实际上就是把资金放到具有更高价值的领域，使资金产生更大的价值。

2.1.3　利用去规模化推动收益增长

20 世纪，绝大多数公司认为"更大的"总是"更好的"，并将建立更具规模的组织作为目标，以便充分发挥规模经济的优势。但近几年，技术不断发展，去规模化逐渐成为受欢迎的发展战略，影响着越来越多的公司。去规模化也帮助公司开辟了更多新的商机，让公司能够从容应对市场变化。

但也有很多创业者仍存在疑虑，担心去规模化会降低公司的盈利能力。实际上，适度降低产能非但不会影响公司的竞争力，还有利于公司进行结构调整、产品升级等战略调整。

如今，经济增长逐渐放缓，市场供求关系发生根本性变化，用户不仅要求产品具有功能性，还希望它可以满足自己个性化、差异化需求。因此，创业者需要对公司的盈利模式、品种结构等进行调整，使产品快速适应变化的市场环境。

同时，主动去规模化也为公司的技术创新、结构优化带来新的机遇。

首先，规模已经不再是衡量公司价值的唯一标准，各行业追求规模效益的发展路径也开始走向尽头。适度降低产能不仅可以帮助公司获得更好的发展，也给许多重工业行业释放其装备能力提供了充足的空间。去规模化时代，让他们可以将精力集中于提升产品质量，从而充分释放公司装备技术的潜力。

其次，去规模化也可以扩大公司的盈利空间。在去规模化过程中，我们应该把握行业新态势，提升公司的资源配置能力，结合新能源、新产业甚至互联网模式，为公司打造更为多元化的发展路径，加速推进公司及产品的转型升级。

最后，去规模化还能够极大地推动公司的结构调整，包括资源的重新配置、流程管理、产线管理等，全面动员公司多年积累的技术、人才、资源，并从内部着手打造相应的机制。例如，组建用户服务中心，通过用户高端化倒逼产品升级，从而颠覆传统管理模式。

在某种意义上，去规模化正是经济发展新常态下公司主动颠覆传统思维模式，从而实现可持续发展的必经之路。我们应该抓住产业重组机遇，主动参与行业资源再配置，争取在激烈的行业竞争中占据优势地位。

2.1.4　控制成本的两种方法

成本在一定程度上影响公司的市场竞争力和市场地位。成本控制是公司实现收益最大化的方法之一，直接关系到投资者是否会为公司投资。如果创业者不控制成本，对所有支出放任不管，那很有可能会损害公司的整体利益。因此，为了公司的未来发展，创业者应该对公司的成本进行严格控制。

2.1.4.1　公司可以从供应商着手削减成本

作为供应链中的重要一环，供应商关乎公司命脉，决定公司盈利情况。然而，许多公司的供应链管理存在漏洞，由此造成了巨大的成本浪费。选用优质的供货渠道不仅可以降低公司的整体成本，还可以有效提升公司的竞争力，是公司拓宽市场、提高销售量的有效措施。越来越多的公司认识到从供应商着手削减成本的重要性。

那么，我们应该如何进行供应商管理，才能实现可持续的成本节约呢？

1. 多方比价

了解成本结构的基本要素是对采购人员的基本要求。如果采购人员不了解产品的成本结构，也就无法判断价格是否合理，从而失去许多降低成本的机会。

此外，公司不应该依据采购人员的喜好选择供应商，也不应该直接与曾经的供应商再次合作。在进行供应商选择时，首先，我们需要设定正式报价的支出限额；其次，向多家供应商发出报价请求；最后，将供应商提供的价格与历史价格及支出限额进行比较。

多方比价能够确保公司获得最优惠的价格，为公司节约大量成本。

2. 供应商管理

制定合理的采购方针、选择理想的供应商，是保证生产、提高经济效益的重要条件。提供原材料、辅助材料及配套设备的供应商都需要慎重选择，选择不当不仅会影响到公司产品质量和生产周期，还会影响公司的信誉和经济效益。

因此，在签署采购合同前，我们需要对所有供应商进行信誉考核，在合格的供应商中进一步挑选。供应商的考核可以从三方面进行：一是供应商的规模是否可以保证产品生产进度；二是供应商是否有相应的资质证书和生产经营许可证；三是供应商的履约能力，以及技术、质量是否能够满足产品要求，能否提供售后服务等。

3. 采购合并

在采购过程中，我们可以将同类物品进行合并，从而实行更大规模的采购行动，这样就可以要求供应商提供数量折扣。这种采购形式对采购人员的谈判与整合分析能力要求更高，成本也能得到更显著的削减。

2.1.4.2　公司要严格控制日常开销

要想最大化压缩成本，就要严格控制日常开销。初创公司控制日常开销的关键在于梳理支出费用项，去掉不必要支出。

第一，选择房租低的办公场所。一般来说，初创公司选择办公场所应遵循价格便宜和交通发达两个标准。北京中关村创业大街有很多创业孵化器，他们提供的办公场所和行政服务比较完善，包括工位、公共会议室、前台、打印机等。当然，如果公司不需要频繁接待用户，那么在家办公也是一个能最大限度压缩成本的方法。

第二，使用二手办公设备。公司经营初期，难免需要置办办公设备和日常办公用品，这也是一笔不小的花销。在不影响工作效率的前提下，我们可以通过租赁或采购二手设备的方式节省成本。

第三，减少公司开支。公司开支包括两方面，一是人力开支，二是行政开支。在创业初期，我们可以通过聘用兼职人员或实习生的方式减少人力开支。同时，公司对行政支出也可以做出限制，例如鼓励员工绿色出行，鼓励员工节约水电等。

第四，采取"底薪＋绩效"的薪酬模式。很多初创公司为了留住人才而采用高薪策略，事实上这样不仅会增加开销，还容易使员工产生懈怠情绪。员工的工资可以采用"底薪＋绩效"的模式发放，这样不仅能激励员工，还可以控制成本。而对于公司的核心人才，完全可以通过发放期权、股票等方式替代高额工资。

第五，将营销广告花费用到"刀刃"上。我们可以借助微信、微博等平台进行高性价比的网络营销。这类推广方式的费用通常在千元级别，推广效果也不差。

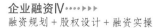

总之，控制日常开销是为了获得更多盈利，这需要我们对日常开销的重要性有清晰的认识，了解哪些部分可以缩减开销，哪些部分需要增加开销，哪些开销可以直接砍去。只有将每一笔资金都用到实处，才能最大限度地压缩成本，实现公司盈利的最大化。

2.2
优化商业模式：保证盈利有优势

作为公司生存和发展的基本要素，商业模式已经成为创业者和投资者经常提及的名词。对于商业模式，比较官方的说法是利益相关者的交易结构，比较通俗的说法是哪些人会使用你的产品，产品给这些人提供了什么样的便捷，这些人愿意为产品支付多少钱，公司的盈利空间有多大等。成形的商业模式大多是共赢的，利益相关者都是其中的受益人。

2.2.1　关于商业模式的三个关键点

投（融）资界有一个共识：优秀商业模式是公司成功的保障。商业模式是一个比较重要的名词，虽然它首次出现在 20 世纪 50 年代，但直到 20 世纪 90 年代才受到广泛关注。如今，虽然它出现的频率已经非常高，但很多创业者依然无法对它有一个足够深刻的理解。

关于商业模式，创业者需要了解三个关键点。

1. 开放型商业模式更受欢迎

现在是一个追求共享与协作的时代，公司的商业模式也要跟随时代发展变得更加开放。开放型商业模式适用于能够与外部合作伙伴相互配合，从而让自己的资源及技术发挥更大价值的公司。与封闭型商业模式相比，开放型商业模式有很大不同，如表 2-1 所示。

表 2-1　封闭型商业模式 VS 开放型商业模式

封闭型商业模式	开放型商业模式
让处于本领域的人才为公司工作	公司需要和外部人才一起工作
为了从研发中获益，公司必须自己设计、生产、销售产品	外部的研发成果可以创造价值，公司内部的研发成果需要提升这种价值
如果公司掌握了领域内绝大多数最好的技术或者专利等资源，那就会赢	公司可以不从头开始工作，坐享其成即可
如果公司创造了领域内绝大多数最好的创意，那就会赢	如果公司能最充分利用外部创意，那就会赢
公司需要控制自己的商业模式，避免竞争对手从中获益	公司应该通过外部组织使用自己的商业模式来获益。无论何时，只要外部组织的资源可以让公司的盈利更丰厚，那么公司就应该将其购买过来

在开放型商业模式应用方面，葛兰素史克（GSK，以研发为基础的药品和保健品公司）是一个非常经典的案例。该公司致力于提升贫困国家的药物获取率。为此，该公司将自己研发出的药物专利投放到对外开放的专利池中，让每一位研发人员都有机会参与药物研发。葛兰素史克主要依靠畅销药物盈利，久而久之就会导致大量药物专利被闲置，而将这些未被深入探索的药物专利悉数投放到专利池中，便可极大地提升相关药物的研发速度。

在开放型商业模式下，不同公司往往来自不同的行业和领域，彼此之间可能会提供更有价值的创意、技术、专利等资源。这样可以缩短产品研发的时间，提高研发效率。而且，允许外部组织使用公司的闲置资源，公司还可以增加额外收入，投资者也可以从中获利。

2. 成熟的商业模式应该是"聚焦"的

孟子云："人有不为也，而后可以有为。"创业者知道自己在某个阶段可以不做什么，才能将时间与精力聚焦于更重要的事。如果创业者能够化繁为简，战略性地放弃那些不必要的业务，就能实现公司更高效、更有序的运作。

在聚焦的运作逻辑下，公司应该将有限的资源集中用于攻克最重要的目标。但在使用时，要求创业者综合考虑公司内部的利益矛盾及外部市场环境的变化趋势。这种运作逻辑具有极高的效能，在做出正确选择后，创业者势必能够带领公司走向更加辉煌的未来。

3. 打造商业生态闭环是重中之重

受到各种技术接连兴起的影响，许多行业都发生了不同程度的革新与颠覆。如今，不少公司致力于对组织架构进行重塑，打造商业生态闭环。商业生态闭环是什么？

海尔董事长张瑞敏认为，商业生态闭环是员工的共同进化。他曾经说，如果海尔原来算是一个航母的话，现在把这个航母拆掉，就变成了很多很多的小船，这些小的军舰，可以自己去寻找出路，在寻找出路的过程当中可以实现自我驱动，相互比较靠近的再合成一个舰队，这样会自行组合不同的舰队。由此可知，海尔的组织结构看上去很松散，但其实每个"小军舰"都有属于自己的权力，可以自我驱动，寻找各自正确的方向。

在成功打造商业生态闭环后，公司不仅可以适应用户需求、市场趋势、时代导向等多方面变化，还能帮助公司实现边际收益递增。这种商业生态闭环在保持各经营单元高度自主性的同时，可以无限细化，从而促进员工之间的协同，最终形成动态的非线性平衡。

2.2.2　强强联合，推动盈利增长

古人云："能用众力，则无敌于天下矣；能用众智，则无畏于圣人矣。"在竞争日趋激烈的现代社会，公司如果想稳定发展，除了要积极创新，还要重视凝聚力和协作精神，即学会与其他公司强强联合，共同实现盈利增长。

在强强联合的背后，其实隐藏着一种全新的"共享型"商业模式。这种商业模式对人们的生活产生了重要影响，颇受资本的青睐，如共享单车、共享充电宝、共享纸巾机等。我们对那些大规模的共享类公司进行了深入研究，将其运作经验总结为以下几点。

1. 挖掘充盈且稀缺的资源

共享型模式实行的前提是个人用户无法使用那些处于闲置状态的资源。

我们可以发现，那些可利用的资源通常有三个特性，即充裕、稀缺、标准。

（1）充裕，即市面上存在大量闲置或盈余的资源，便于获取。

（2）稀缺，即该资源由于存在信息差或流动性较差等原因，相对于个人用户较为稀缺。

（3）标准，即该资源具有统一标准，或能快速达到统一标准，这样在后续生产中，我们便能迅速进行业务模式的复制，实现快速扩张。

2. 引爆用户规模

在成功构建网络平台后，我们需要持续地吸引用户，降低平台发展的不确定性，从而引爆用户规模，实现产品的迅速推广。那么，该如何吸引用户，如何避免用户流失，快速引爆用户规模呢？

如果我们以吸引供应端用户为主，那么就可以通过地推积累首批用户，再通过快节奏的测试与迭代，充分利用既有平台资源，实现低成本的用户获取及留存。如果我们以吸引需求端用户为主，那么就可以实施口碑营销，辅以免费、沉浸式体验等策略，实现用户的快速增长。

当用户积累到一定规模后，我们的经营重点就要转变为如何绑定用户。我们需要不断提升用户体验，通过建立社群、组织线上线下活动等方式，与用户建立更紧密的联系，从而增强用户的依赖度与归属感，避免用户流失。

3. 维护用户信任

咨询公司普华永道曾发布过有关共享经济的调研结果。其中，80% 的参与者表示，共享经济让他们的生活变得更加美好；而 69% 的参与者则表示，他们并不相信共享公司能始终如一地提供共享服务。因此，维护用户对产品的信任感也能帮助我们从同类产品中脱颖而出。

例如，向用户展示公司的综合实力，严格把控产品质量，设立问题处理与解决专业机制，为用户支付、安全保障等关键环节设置相应的配套措施等，都可以提升公司的品牌信誉，增强用户对公司及产品的信任感。

4. 满足供需高效的匹配

如今，市面上大多数共享经纪公司保留了产品的所有权，提供产品使用权给用户实现盈利。这种情况极易造成小范围内的供求关系不合理。以共享单车为例，因为用户通常处于移动状态，非常容易造成某些区域产品过多、其他区域产品不足的情况。因此，如何定位用户需求，科学、合理地进行产品投放，是共享模式的一大难题。要解决这个难题，我们需要建立筛选机制，画出用户分区图。此外，还可以为用户提供让步选项，更高效地实现需求匹配。

尽管无数公司都为我们践行了共享模式的可行性，但不得不承认，许多行业的共享模式仍处于起步阶段，其发展趋势及演进路径都还等待着我们进一步探寻。值得注意的是，这种模式并不是投资入口或套现手段，我们应该以用户体验为核心，为用户提供更优质的服务。

2.2.3 投资者青睐何种商业模式

如果用一句话总结投资，比较合适的应该是"找到一门性价比高的好生意"。什么是好生意？一个重要的衡量标准就是可以让投资者"安心睡大觉"的商业模式。根据笔者的认知体系和实践经验，一个可以让投资者"安心睡大觉"的商业模式至少应该具备以下几个特点。

（1）上手使用门槛低。商界有一个名词是 Freemium（免费增值），即长时间为用户提供免费服务，但其中一些先进的功能或虚拟货品需要付费才可以使用。例如 Zoom，其基础功能可以满足大多数用户的线上沟通需求，但在很多场景下，比如当商务会议时长超过 45 分钟时，Zoom 就要开始收费。知名客户关系管理系统 Salesforce 也是同理。

（2）订阅模式要求用户黏性非常高，且用户付费意愿强。例如，以抖音为代表的社交媒体通过搭建内容生态，吸引并留存了大量活跃用户，进而将这些用户转化为变现资源，让公司和商家通过付费甚至竞价的方式实现变现。

（3）强调体验。用户愿意为了体验付费，因为从本质上来讲，无论是工具、服务、内容，还是平台，用户购买的都是一种体验，或者也可以说是一种身份需求上的满足。

（4）平台和生态型商业模式要求高，公司会面临很多困难。但是，此类商业模式一旦成功，公司就会收获巨大的惊喜。苹果公司、谷歌、亚马逊等都是这方面的经典案例。而且，一个完整、闭环的商业生态将是公司的绝佳护城河。

有些公司为了标新立异，试图自己创造一个全新的、更有价值的商业模式，这需要勇气和牺牲精神，更需要远见。以知名科技巨头雅虎为例，1994 年，杨致远和大卫·费罗创立了雅虎，被誉为"世纪网络开拓者"。但和创立雅虎同样重要的是，杨致远还创造了一个基于互联网世界的商业模式，即网站盈利全部依托广告，在用户层面完全免费。

通俗地说，雅虎的商业模式就像"羊毛出在猪身上"。在雅虎出现前，用户需要花钱才可以浏览和获取各类相关信息。这个现在看起来似乎天经地义的观点，当时其实是一个具有开创性的商业模式变革，对于广大投资者来说是很有吸引力的。

提到值得投资的商业模式，还有一个非常重要的概念——眼球经济。雅虎主要根据有多少人浏览网站来衡量运营效果，而谷歌的衡量标准则是点击率。从表面上看，谷歌的做法可能比雅虎更好一些，但在眼球经济时代，点击率也有造假的可能。

例如，有些公司为了超越竞争对手，会人为地刷点击率。久而久之，一个新的商机出现了——识别点击率真假。谷歌就有专门的团队通过技术手段分辨人为刷出来的点击率和真实的点击率，从而保证数据的真实性和有效性。当然，这是谷歌凭借点击率来盈利的商业模式的"命脉"，也是谷歌受到投资者欢迎的"秘密武器"。

2.2.4　投入产出分析不可忽视

经济学家瓦西里·列昂季耶夫曾经总结前人工作，并在此基础上提出了投入产出模型。

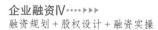

现在很多公司都会借助这个模型进行投入产出分析，以便了解项目的投入产出情况，判断项目是否会受到投资者青睐。

下面就以产品推广营销为例，介绍如何建立投入产出模型。

在营销期间，资金情况主要分为投入与产出两方面。投入成本相对更容易确定，我们可以将资金使用情况一一列出，如办公场地的租赁费用、原材料的采购费用、线上／线下活动费用、渠道挖掘费用等。

产出的收益具有预测性质，可以基于过往的项目经营情况进行推算，即以过往的营销数据作为参考，推算出本次推广营销可能提升的产品销量。因此，建立模型需要在推广情况相对稳定的条件下，比如相同的推广渠道、相同的策划方案或相同的宣传模式等。此时创业者还要假设投入相同的成本，产品销量的提升情况是相似的。

因为我们使用的关键指标都是假定量，在实际运营过程中会受到其他因素的影响而产生波动，所以我们要对这些指标进行统计和监测，当指标出现较大波动时，需要及时进行战略调整。

投入产出模型还可以让创业者更直观地了解项目现状，为项目制订下一步的运作方案。与此同时，创业者还可以对投入产出发生巨大波动的原因进行分析，从而在日后的经营过程中加以利用。

2.3
建设优秀团队：让人才带来钱财

《管子·权修》中有这样一句关于人才的名言："一年之计，莫如树谷；十年之计，莫如树木；终身之计，莫如树人。"人才是公司的核心竞争力，唯有重视人才的力量，将人才整合成为团队，才能让公司在市场上站稳脚跟，确保公司在激烈的竞争中不落下风。

2.3.1　融资团队：由创业者牵头成立

在融资前，创业者应该思考是否需要一支融资团队。通常，融资团队必须具备把控融资方向、对公司进行基本面分析、根据公司实际情况制作商业计划书、与投资者谈判等方面的能力。

如果创业者及联合创始人具备这些能力，那就可以由他们组成融资团队处理相关事宜。如果创业者及联合创始人能力欠缺，或者没有足够的时间和精力全权负责融资工作，那就可以从内部培养和提拔人才。例如，创业者可以从员工中找一个有融资经验的负责人，然后和他不断磨合，使他的能力不断提升，等时机成熟时提拔他为领导，让他管理融资工作。

在融资过程中，融资团队是公司的中流砥柱，公司能不能顺利获得投资，与他们有非常密切的关系。除了融资经验以外，融资工作负责人的业绩、语言表达能力、个人气质、文化修养、态度、处事方式等都是非常关键的因素。

此外，融资团队的责任心也非常重要，他们必须认同公司的发展愿景，彼此要有相同的奋斗目标。这样融资团队就相当于有了文化核心，在融资时就能拧成一股绳。

创业者应该经常将融资团队聚集在一起，召开重要会议，方便大家交流观点和意见，激发大家帮助公司达到融资目标的积极性。

最后需要注意的是，在建立融资团队时，创业者不能过于着急。有些公司融资失败，一个非常重要的原因就是融资团队不合，导致公司遭受很大的内耗和损伤。对于这样的公司，投资者通常是不会轻易投资的。

2.3.2　项目团队：按照流程做事更保险

俗话说"磨刀不误砍柴工"，在组建项目团队前，我们要梳理和掌握如下流程，目的就是更好地让项目团队推动融资成功。

（1）确定项目范围。对于创业者来说，第一个也是最重要的步骤是确定项目范围，即了解项目团队应该创造什么价值、项目的目标是什么、项目范围不包含什么内容等。

（2）确定项目所需的和可用的资源。创业者应该知道项目团队由哪些人员组成、需要什么设备和资金以实现融资目标等问题。为了更好地控制资源，创业者可以采取矩阵管理策略，即在公司内部利用已经确定好的层次结构来完成相关工作，与项目团队保持联系。

（3）了解项目时间轴。项目什么时候必须完成是一个非常重要的问题，创业者需要将这个问题传达给项目团队。这里需要注意的是，项目的最后完成期限通常是固定的。

（4）列举工作。创业者应该提前了解一个问题：要完成项目，项目团队需要做哪些工作？对于创业者来说，与项目团队合作，详细说明完成项目的必要细节是不可或缺的步骤。

（5）制订初步计划。把所有工作整合成一个计划，明确哪项工作必须优先于其他工作。这就要求创业者必须按照正确的顺序安排工作，为项目团队分配资源。随着计划的顺利开展，创业者需要对各相关环节进行监控，同时还应该严格控制成本，合理分配时间。

（6）将计划告知所有相关人。让相关人了解项目进展非常重要。每完成一项重要任务，创业者应及时告知相关人。当然，如果任务出现问题，创业者也要及时告知相关人。总之，创业者要确保相关人知道项目团队在做什么，做得怎样。

2.3.3　业务团队：负责公司的日常运营

在任何公司中，业务团队的地位都不可动摇。如果公司没有优秀的业务团队，投资者很可能不太愿意投资。综合来看，组建业务团队要关注以下几个重点，如图 2-1 所示。

1. 人才吸引：保证活力，趋于年轻化

公司要保证业务团队是有活力的，同时要让其朝着年轻化方向发展。通常年轻人接受和学习新事物的速度比较快，而且有强大的创造性和洞察力，对一些新兴技术比较擅长，可以开发出有新意的产品，从而更好地吸引投资者。

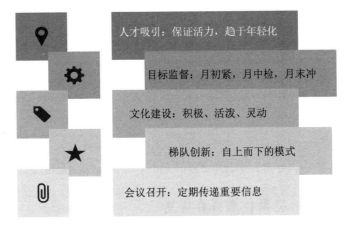

图 2-1　组建业务团队的重点

2. 目标监督：月初紧，月中检，月末冲

业务团队必须有目标，而且当目标设定之后，创业者应该帮助和督促业务团队去实现目标。在实现目标的过程中，有三个关键期，分别是月初、月中、月末。针对不同的关键期，创业者需要做不同的工作。

（1）月初紧。前 10 天要完成 50% 的月目标。我们做任何事情都希望来一个"开门红"，融资工作当然也是如此。所以，我们应该在月初时就让员工紧绷一根弦，不要给他们放松、休息的机会，争取做到"开门红"。

（2）月中检。到了月中，也就意味着这个月已经过去了一半，需要对业务团队的工作情况进行了解。如果有必要，创业者可以让业务团队总结自己没有完成目标任务的原因，避免再次出现同样的情况。

（3）月末冲。即月底总动员，冲刺最终目标。"已经到了月末，大家冲一把"，这是大多数领导的惯用说辞，但这句话其实起不了太大作用。领导真正应该做的是，激发整个业务团队的士气，做到多夸奖、多表扬，让员工自己去重新整合资源。

3. 文化建设：积极、活泼、灵动

和其他团队一样，业务团队也需要进行文化建设。高效的业务团队必须有积极、活泼的文化氛围，这关系到每一位员工的成长和发展。和谐的工作环

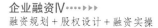

境可以促使员工全身心投入工作，激发他们对工作的热爱，进而产生更强烈的工作热情。

4.梯队创新：自上而下的模式

业务团队中的角色分配应该是一种自下而上的模式。例如，年轻的员工出创意，年龄稍长一点的员工整合资源，工作能力强的员工辅助领导做决策。这样不仅可以避免领导专权独断，还可以将决策风险降到最低。

5.会议召开：定期传递重要信息

会议是让大家了解近期动向，以及其他重大事件的有效途径，必须定期召开。以月度会议为例，创业者应该对业务团队的工作情况进行总结，为其兑现奖惩措施。此外，如果想增强业务团队的凝聚力，那么召开协调会议也非常有必要。

如今，无论是业务团队的搭建，还是员工的培养和管理，都不可能一蹴而就。一个优秀的业务团队注定有着不一样的基因，只有善于经营、总结、观察，精于修炼内功，才可以在融资时更有底气，让投资者心甘情愿地掏钱。

2.3.4　营销团队：扩大产品/服务的受众面

打造一支扎根市场、有效率、能做事的营销团队，可以让公司的业绩迅速提升。普通营销团队与这样的营销团队之间的差距不仅是10%、20%，而可能是100%，甚至300%。因此，把一个普通营销团队建设成为高级营销团队，是每个创业者都应该重视的问题。本节将从四个方面入手，分析创业者如何才能建设一个高级营销团队。

1.掌握"一对多"的互联网交流方式

在传统模式下，公司需要一对一地为用户介绍产品的功能与优点。近年来，我国移动互联网市场迅猛发展，其对生活、消费及商业形态的改变有目共睹。在这股浪潮中，我们可以观望到的是，社群在未来营销中的重要性会有增无减。

营销团队应该重视社群的力量，学会通过社群打广告、做推广，将社群成员变成 KOL（关键意见领袖）。在传播者基数足够大的情况下，打造社群对于营销团队来说是一件省心又省力的事。营销团队只需要做那个"领头羊"，将产品的优点告知第一个用户并让他满意，他便会告诉第二个用户。随着用户的增加，社群便会逐渐升级为产品交流群，最终打响品牌。

2. 用数字化工具分析市场

"工欲善其事，必先利其器。"新时代的营销团队需要利用互联网的强大技术能力为公司赋能。营销团队可以借助数据分析用户行为和偏好，从而有针对性地进行产品推荐和广告投放。正如我们喊了很多年的那句口号——技术改变未来，依托移动互联网、大数据、人工智能等先进技术，营销团队能更轻松、精准地收集用户信息，从而开展更接近核心目标群体的触达策略，实现流量引入以及高效转化。

3. 持续互动，跟踪服务

营销团队需要用积极的态度、优质的服务给予用户良好的消费体验。优质的服务能够为公司带来更高的经济效益与社会效益，长远来看更可以为公司塑造良好的业内口碑。投资者通常喜欢这样的公司，也愿意为这样的公司投资。

4. 巧用事件营销，扬长避短

流量红利逐渐消失，公域流量成本不断攀升，营销团队要善于利用营销资源，合理使用各种营销策略。例如，营销团队可以采取事件营销策略，避免品牌声量被挤压。在实际操作时，事件营销策略具有收益率高、渗透性强、防止信息干扰等优势。

但凡事都有两面性。事件营销策略利用的热点通常都是社会关注的大事件，其中包含的品牌信息势必会被很多人关注，尤其是在信息高度透明的时代，公司的任何行动都会受到瞩目。如果公司本身有薄弱点和劣势，那就很可能会被社会媒体实施舆论攻击，造成难以挽回的损失，从而失去投资者的信任。因此，在进行事件营销时，营销团队应该慎之又慎。

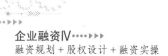

章末总结

1. 融资战略是公司发展战略的重要组成部分，但非常容易被忽视。在融资战略本身就不被重视，甚至被误导、误解的情况下，制订和完善融资战略是公司必须做的一项工作。这项工作对于寻求外部资金支持、推动公司进一步发展和扩张，是有深刻意义的。

2. 现阶段，巨大的资金压力是公司面临的重大挑战。为了减轻资金压力，确保公司在市场竞争中占据更有利的地位，提升公司的经济效益，创业者需要足够重视资金管理工作。

3. 对于绝大多数公司来说，可以随时支配的货币更有价值，这就要求创业者让公司的资金流动起来，使其为交易、投资等经济活动赋能。

4. 为什么有些创业者坚持了一段时间就失败了？因为他们没有充分了解商业模式，仍然把商业模式看作简单的生意模型。在新经济时代，创业者必须利用优秀的商业模式武装自己的公司，这样才可能让竞争对手甘拜下风。更重要的是，优秀的商业模式可以帮助公司创造源源不断的现金流，让创业者具备"不差钱"的底气。

5. 公司之间强强联合，体现了市场配置资源的原则，不仅有利于公司发挥规模化发展效应，还可以帮助公司提升生产力。创业者应该重视强强联合模式，从而进一步推动盈利增长。

6. 团队的力量是十分强大的，一个人无法做到的事，一个团队可以轻松做到。因此，创业者要重视团队建设，努力建设一个可以吸引投资者的"团队"。

7. 团队协作的核心是共同奉献，这种共同奉献需要融资团队、项目团队、业务团队、营销团队一起实现。唯有充分激发各个团队的工作动力和奋斗精神，才能助力公司获得更好发展。

第 3 章

商业计划书撰写：
描绘发展蓝图

　　有些创业者在融资时经常遇到这样的问题：明明项目很有发展前景，却没能顺利融资。这是为什么呢？其中一个很重要的原因就是商业计划书不够有吸引力。一份优质的商业计划书可以为整个融资过程保驾护航，让项目拥有全新的意义。因此，要想顺利融资，创业者应该掌握撰写商业计划书的一些技巧。

3.1

商业计划书的核心内容

现在市场上等着融资的项目越来越多，投资者对商业计划书的要求也越来越高。但部分创业者甚至没有掌握与商业计划书有关的知识，也不知道商业计划书的核心内容有哪些。本节从商业计划书的核心内容入手，介绍撰写商业计划书的方法和技巧。

3.1.1　市场需求与行业发展前景

对于广大投资者来说，投资就像"放风筝"，学会找到风口是非常重要的。这里的"风口"主要是指市场和行业。如果公司处在很有吸引力的市场和行业中，就能更顺利地完成融资。而且投资者在投资时也会想办法了解公司面临的市场和行业情况，这项工作的重点通常会集中在市场需求与行业发展前景分析上，例如多少用户可能使用公司的产品，又如用户数量是百万级、千万级还是亿级等。

在市场容量巨大的中国，一个目标用户只有百万级的产品算不上潜力巨大。当然，潜力也不只表现在用户数量上，有时也表现在客单价、未来发展空间上。一个用户数量少但客单价很高的产品同样具有很大潜力。

市场会深刻影响投资者决策，因为未来五到十年内的市场发展空间基本上可以预测。在这种情况下，投资者更喜欢发展空间足够大，可以容纳大量用户的公司。著名的互联网公司阿里巴巴在进行融资时，对中国互联网市场进行了非常准确的预测,看到了互联网尤其是电子商务的巨大潜力和广阔发展空间。

对于阿里巴巴来说,虽然其在融资初期经历不少挫折,但也成功吸引了优秀投资者的关注,尤其是著名风险投资者孙正义的关注。初次见面时,阿里巴巴的创始人就在 6 分钟内成功引起了孙正义的兴趣,获得了孙正义及其投资团队的认可。

之后,孙正义为阿里巴巴投资 2000 万美元。等到 2014 年阿里巴巴在美国上市时,孙正义投资的 2000 万美元变成了 580 亿美元,增长了近 3000 倍。

3.1.2 盈利模式：让投资者看到创新点

关于盈利模式,投（融）资界流行这样一句话:方向比努力更重要。换言之,如果盈利模式选择错了,那么公司越努力,反而可能距离目标越远。对于公司来说,盈利模式是关乎发展方向的问题,代表了赚取利润的方式。良好的盈利模式不仅可以指导公司走向正确的道路,也会为公司带来巨额收益,还能在创业者和投资者之间编织一张稳定、共赢的关系网。

从本质上看,盈利模式是"利润＝收入－成本",我们要用简洁、清晰的逻辑将其展现在商业计划书上。投资者不是普通用户,他们深谙市场竞争规则,往往不需要常识性解释,只希望直接看到创新点。表达盈利模式的创新点可以从以下几个方面着手,如图 3-1 所示。

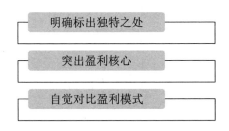

图 3-1 表达盈利模式的创新点

1. 明确标出独特之处

投资者希望看到独特之处,例如产品／服务的质量上乘、团队的凝聚力强

等，这些独特之处不仅可以向用户提供额外的价值，还有助于公司获得更多用户。沃尔玛就是以低价格、多品种作为主要盈利模式的，因为这种盈利模式在世界范围内拥有较强的竞争力，所以沃尔玛能够不断发展壮大。

如果我们的项目也具有其他项目不具备的特色，能够让投资者预测出其良好的发展情况和前景，并从其盈利模式中看出丰厚的投资回报，就可以大大提升融资的成功率。

2. 突出盈利核心

公司有自己独特的盈利模式，创业者一般会通过向投资者展示盈利模式来争取投资。此外，为了使盈利模式更加清晰，创业者还会将盈利核心展示在商业计划书上。这里所说的盈利核心包括很多方面，如公司在经营中所依靠的过硬科技创新能力、产品的不可替代性、低成本下的高质量产品、对用户的真诚服务等。对于创业者来说，梳理好盈利核心，能够让自己的盈利模式更加清晰，也更容易获得投资者的青睐。

3. 自觉对比盈利模式

创业者如果能够总结实践经验，将自己的盈利模式与其他公司的盈利模式作对比，便可以让投资者对公司盈利模式有更深层次的了解，从而增加融资成功的可能性。

3.1.3 团队：分工介绍与组织架构

很多人都觉得，投资是一场挑选优秀团队的博弈，事实的确如此。投资者看重的除了前文提到的市场、行业、盈利模式以外，还有团队是否可以支撑起项目和公司的发展。那么，创业者应该如何表现，才能让投资者青睐团队，愿意为公司投资呢？

首先是创始人。名校、名企以及知名项目的经历会给创始人贴上"优秀"的标签。即便没有标签，创始人也可以详细阐述自己在相关行业的经验、成就，甚至情怀。拥有像乔布斯那样致力于改变世界、让人生更有价值的情怀，投资者也许会对你刮目相看。

其次是分工情况。介绍团队的核心成员，将他们的经历和擅长领域突出表现出来，吸引投资者的注意力。可以对团队中核心成员的特殊才能、特点、人际资源进行介绍。

最后，明确管理目标，讲述组织架构，让投资者更加了解团队。具体可以借鉴组织架构模板示意图，然后根据公司实际情况进一步优化和调整，如图 3-2 所示。

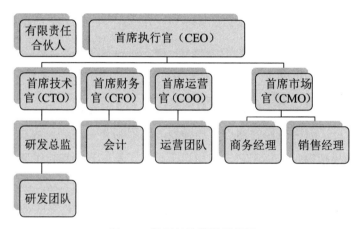

图 3-2　组织架构模板示意图

下面摘录一段腾讯团队的组织架构介绍供其作为参考。

马化腾：腾讯主要创始人之一，董事会主席、执行董事兼首席执行官，全面负责本集团的策略规划、定位和管理。

1993 年，马先生取得深圳大学学士学位，主修计算机及应用，并于 1998 年在中国电信服务和产品供应商深圳润迅通讯发展有限公司主管互联网传呼系统的研究与开发工作。

刘炽平：总裁。2005 年加盟腾讯，出任本集团首席战略投资官，负责公司战略、投资、并购和投资者关系等方面的工作；2006 年升任总裁，协助董事会主席兼首席执行官监督日常管理和运营；2007 年，被任命为执行董事。

刘先生拥有美国密歇根大学电子工程学士学位，斯坦福大学电子工程硕

士学位以及西北大学凯洛格管理学院工商管理硕士学位。加入腾讯之前，刘先生还曾经在麦肯锡公司从事管理咨询工作。

3.1.4 产品/服务现状：回答关于用户的问题

在商业计划书中，产品／服务现状介绍无疑是一个重要部分，这个部分是投资者投资的立足点。一般来说，投资者会在对产品／服务现状有比较全面的了解后才考虑投资事宜。创业者介绍产品／服务现状时，关键要为投资者回答以下几个问题。

1. 目标用户是谁

目标用户就是产品／服务的对象，对应的是目标市场。初创公司尤其需要重视目标用户，因为他们的痛点更加强烈，强烈到会主动寻找解决方案。

公司如果把握住目标用户，就相当于走好了第一步，奠定了坚实的基础。因为这些目标用户会迅速通过关系链进行口碑传播，帮助公司占领目标市场。

为用户服务是大多数公司的宗旨，也是投资者非常看重的部分。如果商业计划书中有公司为用户着想的内容，那就可能会让融资变得更加顺利。

2. 他们的痛点是什么

简单来说，痛点就是用户在正常生活中遭遇的麻烦。如果不能将其消除，用户便会陷入负面情绪中，进而产生痛苦的感觉。在这种情况下，用户需要一种解决方案来消除痛点，使自己的生活状态恢复正常。产品／服务就是因为能够消除痛点才会被用户选择并使用。在商业计划书中，我们必须要让投资者看到这方面内容。

3. 你通过什么产品／服务解决了他们的问题

产品／服务就是发动机，只有让投资者充分认识产品／服务，才有可能引起他们的兴趣和关注。产品／服务好，用户数量惊人，投资者就会将资金主动送到你的面前。

在商业计划书中，介绍产品 / 服务主要就是回答你如何解决目标用户的问题。比如，解决方案是什么？选择这种解决方案的理由是什么？特点是什么？你有哪些资源？成本如何？用户数量与用户转化率怎么样？有无壁垒？等等。

亚马逊早期的产品 / 服务介绍就非常典型：针对互联网用户，为那些热爱阅读的人提供便捷、低廉和多样化的即时服务。与传统书籍零售商不同，亚马逊是一家在线书籍零售商，能够以最快的速度提供上百万本书籍。

4.你的解决方案有什么竞争优势

与市场中的竞争对手相比，你的解决方案有哪些优势或者差异化价值？在回答这个问题时，必须把重点放在壁垒上，产品 / 服务的壁垒越坚固，投资者的评分越高。将优势最大的问题放在首位，然后依次类推。一方面可以向投资者展示更多、更重要的亮点，另一方面有利于充分体现公司的强大竞争力。

3.1.5　融资规划：体现前瞻性和大局观

融资规划的目的是向投资者展示资金用途，避免让投资者因为觉得公司会出现滥用资金的情况而拒绝投资。在撰写融资规划时，除了要结合业务拓展战略和公司实际情况，还必须体现创业者的前瞻性和大局观，同时要让投资者清楚地了解到公司具备合理使用资金的能力。

融资规划的时间段应当是资金到位后的 3~5 年，在这 3~5 年内，资金的使用情况和预期成果都要一目了然。对于投资者来说，简单甚至有漏洞的融资规划没有吸引力，创业者必须认真制订融资规划。具体可以从以下方面入手。

（1）资金需求说明。这一部分包括资金的总量、用途和使用期限。其中资金的用途主要体现在开展项目、扩展业务、升级核心团队、优化商业模式等方面。

（2）介绍资金使用计划及进度。主要是为了让投资者心里有底。例如，资金使用周期为一年半，根据达到市场目标和团队管理成本的情况划分进度。

（3）在投资形式中，需要为投资者列出投资贷款、利率、利率支付条件、转股、普通股、优先股、认股权以及对应价格等内容，以帮助投资者充分了解自己将会得到的回报。

（4）资本结构。

（5）回报 / 偿还计划。

（6）资本原负债结构说明，包括原来每笔债务产生的时间、条件、抵押、利息等信息。

（7）公司在经营过程中如果存在抵押的情况，则要说明抵押品的价值以及定价依据，如果有必要还应该提供定价凭证。

（8）融资后的股权结构。

（9）股权成本。

（10）投资者介入公司管理程度之说明。

（11）资金使用报告。

以上就是商业计划书中融资规划所需要具备的主要内容，在实际撰写过程中，创业者需要根据投资者意愿进行灵活删减或添加，确保让投资者满意。

3.1.6　退出机制：让投资者安心退出

商业计划书中的退出机制是每个投资者都关心的内容。因为后期无论项目是否赚钱，投资者都要把自己的资金拿回去，以便实现资金的正向循环。而且，合理的退出机制对于出让部分股权的创业者来说，也是保障其控制权和话语权的重要方式。

退出机制主要包括三项内容，即退出方式、退出条件、退出规划，具体可参照以下案例。

投资者不需要长期持有公司的股权，可以在满足条件的情况下，按照自己的意愿适时退出，拿到自己应得的收益。总之，我们一直以实现投资者资本增值的最大化为宗旨。

经过公司董事会认真讨论，决定投资者在公司的持股时间至少需要 2 年，2 年之后，可以通过适当方式退出。退出的时候，要严格遵照国家的法律法规。如果要提前退出，投资者需要与公司进行协商，由双方共同解决。

公司为投资者准备了三种退出方式：IPO（首次公开发行）、股权出售、公司并购。其中最成功、回报最多的是 IPO。为了保证投资者能够以这种方式退出，公司会将登陆创业板上市设定为目标，而且全员都会尽自己最大努力去实现这个目标。

公司的具体战略规划是：20××年实现股权制改造；20××年达到上市标准，成功在创业板上市。我们将时刻关注创业板的市场情况，与证券界保持密切联系，争取达成在20××年上市的目标。到时，投资者可以从公司成功退出。

该退出机制就非常清晰，直接告诉投资者有哪些退出方式，哪一种退出方式最合适，这是非常大的亮点。另外，公司还将上市的战略规划和措施都展示在商业计划书中，投资者可以由此看到自己退出的希望，这是比较吸引他们的一点。

3.1.7 Airbnb民宿项目的商业计划书

Airbnb（爱彼迎，房屋租赁平台）早期的商业计划书只有 14 页，却清晰地阐明了商业模式及其可以解决的问题。与如今的创业公司动辄上百页的商业计划书相比，其商业计划书文字简练、条理清晰，让投资者看得舒服，心情畅快。

正是凭借着出色的商业计划书，Airbnb 成功获得了 50 万美元的天使轮融资，直至成长为如今市值高达 250 多亿美金的知名公司。接下来，我们就看看这家知名公司的商业计划书到底有何过人之处。

第 1 张 PPT：直接阐述 Logo 设计，拒绝花哨的美化修饰，如图 3-3 所示。

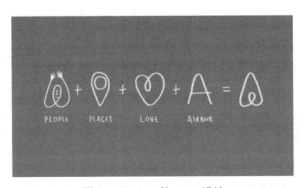

图 3-3 Airbnb 的 Logo 设计

第 2 张 PPT：阐述当前房屋租赁市场待解决的痛点。

第 3 张 PPT：直面问题，提出 Airbnb 的独特解决办法，通过科学的运营方案保障用户安全，对房东采取监控名单制度和背景核查，并为用户入住做好充分准备。

第 4 张 PPT：给出相关网站数据，表明市场是可行的，从市场验证角度说明用户比率。

第 5 张 PPT：描述当时的市场规模（后来被验证当时低估了市场规模），例如，全球旅行订房市场规模为 20 亿美元、在线订房市场规模为 5.6 亿美元等。

第 6 张 PPT：介绍已经上线的产品，从搜索城市、房间列表、订房流程入手进行说明。

第 7 张 PPT：以数据化方式展示 Airbnb 的盈利模式，具体内容是："我们从每笔交易中收取 10% 的佣金，平均每位用户每晚收费 25 美元，每年预计收入上百亿美元。"

第 8 张 PPT：列出 Airbnb 的推广渠道，包括在德国啤酒节、德国汉诺威博览会、欧洲杯期间举办活动，以及展示合作伙伴和在 Craigslist 同步发布房源。

第 9 张 PPT：Airbnb 面对的各个竞争对手，从价格优势和线上交易优势方面进行分析。

第 10 张 PPT：Airbnb 的秘密武器，换言之就是其相比于其他竞争者的优势，主要从房屋位置、房东积极参与、每间房屋房东只发布一次、操作方便、三次点击即可查看房屋情况、品牌设计、优惠活动等方面进行详细说明。

第 11 张 PPT：介绍核心成员，以及他们分别负责的工作。

第 12 张 PPT：展示 Airbnb 已经取得的成就，向投资者证明自身的可投资潜力。

第 13 张 PPT：通过用户评价打动投资者。Airbnb 选取了一些正向的用户反馈，将其直观地呈现在商业计划书上，这样更容易打动投资者。

第 14 张 PPT：以图表的形式展现 Airbnb 的融资条件与愿景，点明了 Airbnb 的融资条件，明确提出希望融资金额能让 Airbnb 支撑 12 个月，把交易量提升到 8 万笔，以达到 12 个月营业额 200 万美元的目标。

Airbnb 的商业计划书足够简洁，而一份好的商业计划书就应该如此。创

业者应尽量多添加一些数据与图表，简明扼要地阐述自己的需求。此外，PPT
不要有太花哨、复杂的动态播放效果，因为投资者没空也没兴趣看。对于创业
者来说，最重要的是在尽可能短的时间内把亮点描述清楚。

3.2
有故事的商业计划书更有吸引力

很多人都喜欢听或者看故事，投资者也不例外。在商业计划书中加入故事，
可以让商业计划书更生动、有趣。与单调、略显枯燥的事实和晦涩难懂的行业
术语相比，有吸引力的故事更容易被投资者接受，也更有利于帮助创业者拿到
投资。

3.2.1　掌握故事的三大要素

创业者要想让自己的商业计划书更优秀，在其中加入故事是非常不错的
方法，这样不仅可以增加内容的感染力，还可以提起投资者的兴趣，激发投资
者的情感共鸣。通常一个有吸引力的故事，总是离不开以下三个最基本要素，
如图 3-4 所示。

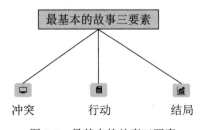

图 3-4　最基本的故事三要素

其中，冲突是渴望和障碍的结合。只有障碍没有渴望，或者只有渴望没

有障碍，都不能构成真正意义上的冲突。行动是冲突的产物，正是因为有了冲突，才需要进一步的行动。付出行动后获得的效果，便是最终的结局。

例如，在向投资者展示商业计划书时，某创业者说了一个故事，内容大概是这样的：

当初，整个行业都面临着非常严重的挑战，包括产能过剩、竞争激烈、市场环境差等，我们公司也未能幸免，最困难时甚至都无法按时给员工发放工资。但是，这么多员工需要养活自己的家庭，我也需要实现自己的梦想，所以我必须迎难而上，找到新的出路。于是，我和员工团结在一起，大家纷纷献计献策，最后通过对资源配置进行优化、淘汰落后产能、设计研发高端产品，让公司重新焕发了生机，获得了比之前更加丰厚的盈利。

上述故事既有冲突，又有行动，还有结局，三要素全部具备。其中，员工和创业者的需求是渴望，行业面临的挑战是障碍，二者共同构成了冲突；对资源配置进行优化、淘汰落后产能、设计研发高端产品是行动；公司重新焕发生机，获得更加丰厚的盈利是结果。可以说，这位创业者深谙讲故事的道理。

展示商业计划书的时长大多是有限的，创业者必须在有限的时长把最关键的部分说清楚，让投资者充分感受到诚意以及公司的发展潜力。而做好这件事情的一个比较不错的方法就是在掌握故事三要素的基础上为投资者讲好一个故事。

3.2.2 好故事的标准：深层需求+共鸣+逻辑

知名编剧希区柯克曾经说过："好故事就像人生，只是删掉了一些无聊的部分。"一个好故事总是能够在第一时间把人们的注意力牢牢抓住，然后润物细无声地传递我们想要表达的理念和观点。如果创业者想在商业计划书中加入故事，那么就要尽力选择一个好故事。

一个好故事应该是怎样的？丹提·W.摩尔曾在《故事处方》中提出过一个概念——"隐形磁河"。这个概念总结了一个好故事的三个必要标准："隐形""磁""河"。

（1）"隐形"是指隐藏在故事中的核心以及听故事的人内心深处的深层需求。故事是艺术化的，一个用来吸引投资者的故事，更要有精神内核。故事之所以与其他表达方式不同，是因为它是含蓄的、内敛的，需要人们自行挖掘。我们至今读到过的各类名著，之所以流行至今，被无数人精彩解读，正是因为其中埋藏了珍贵的内涵。

创业者在商业计划书中加入故事的目的，是将自己的想法有效且准确地传达给投资者，以说服投资者认同自己。因此，创业者的故事一定要和自己想传达的信息有所关联。如果创业者想说服投资者投资，却给对方介绍"狼来了"的故事，这无疑是毫无帮助的。

对于创业者来说，故事的目的性既不能深藏不露，也不能完全呈现，只有掌握好内涵"隐藏"的度，才能达到应有的效果。

（2）"磁"是指贯穿故事整个核心的吸力，能够引起情感共鸣的元素。故事可以增强商业计划书对投资者的吸引力，但并不是每个故事都有这个效果。什么样的故事才有足够的吸引力呢？在大多数情况下，故事是否有吸引力不仅由故事本身决定，还由投资者决定。

假设投资者非常喜欢某个项目，创业者却一直给投资者介绍这个项目的缺点，那恐怕就会起到反作用了。不仅如此，投资者还可能会在一气之下把创业者拉进"黑名单"，习惯性地拒绝创业者的所有观点。因此，创业者尽量要以投资者的喜好憎恶为基础进行故事的选择。以投资者感兴趣的或者与投资者有某种相关性的人、事、物作为故事的主体部分，这个故事才会对投资者有足够的吸引力，使其产生情感共鸣，从而使投资者被故事的精神内核所影响。

（3）"河"是指故事要像河流一样蜿蜒曲折，有持续向前发展的结构。故事性是故事的基础，不管是以什么方式呈现，故事必然会有情节。只有当故事的情节像河流一样曲折生动且合乎情理、合乎逻辑，故事才具有说服力和参考意义。

同时，故事的故事性与其吸引力息息相关。在选择故事时，我们不妨进行一下身份转换，想一下你准备的这个故事如果由投资者讲给你听，你会有听下去的欲望吗？这个故事会在你心中留下多深刻的印象，是震撼灵魂，还是转

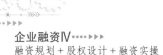

头就忘？如果你觉得故事非常不错，那就可以试着介绍给投资者，也许就可以让投资者做出正向的投资决策。

3.2.3　适合讲给投资者的四类故事

在融资过程中，不是所有故事都适合讲给投资者。与其他类型的故事相比，大多数投资会对创业起源故事、使命故事、团队故事、产品故事更有好感。

（1）创业起源故事可以让投资者知道创业者为什么创业，并从中挖掘出创业者的一些内在优势。

（2）使命故事可以帮助创业者证明自己的能力和承诺，从而获得投资者的青睐。

（3）团队故事可以突出团队的团结、权威性、专业程度，打消投资者的疑虑。

（4）产品故事以"产品可以解决用户什么痛点"为核心，有利于投资者对产品有更深入的了解。

NVIDIA（英伟达）创始人黄仁勋曾将自己的故事讲给投资者，其中包括创业起源、团队发展、产品研发历程等内容，或许可以给创业者讲自己的故事带来一定的借鉴意义。

我出生于 1963 年，后来跟着父母移居泰国，接着又在 9 岁时与哥哥被父母送到了美国，与叔叔、阿姨一起生活。没多久，叔叔把我送往一所专门为问题少年建立的寄宿制学校，在学校里，我每天都要打扫男厕所，甚至还像其他孩子那样上树、爬墙。

我的童年虽然不是那么美好，却让我拥有了不服输的个性和强大的环境适应能力。成年后，我和哥哥、父母重新团聚，展露出了非常不错的乒乓球天赋，并在 15 岁时拿到了美国乒乓球公开赛双打第三名的好成绩。这种对一件事情非常专注的态度，一步步带领我走向了成功，让我在大学期间学到了很多有利于芯片研发的专业知识和技术经验。

凭借着不懈的努力，1993 年，我与另外两位合伙人共同创立了英伟达，致力于打造独一无二的特制芯片。1995 年，英伟达发布了第一代 NV1 芯片，但销售情况并不理想，公司也因为缺少研发费用濒临破产，被迫解雇了大量员工。

后来我不断丰富自己的专业知识，积累实践经验，与团队一起打磨产品。终于，在 1997 年，英伟达发布了第三代芯片 RIVA128，该芯片很受消费者欢迎。此时我也找到了适合自己和英伟达的发展道路。之后几年，英伟达不断发展，成为全球知名的 GPU 公司。

在很多投资者眼中，我是一个不折不扣的"工作狂"，始终对工作充满热情和积极性。事实的确如此，我希望工作可以为自己和家人带来更美好的未来。也正是因为这样，我练就了坚强、不服输的品质，即使面临英伟达被行业踢出局的情况，我也从未怀疑过自己。

从创立之初到现在，我和我的团队带领英伟达度过了瓶颈期，一直专注于芯片领域。我始终在追求与众不同，希望自己可以为芯片领域创造新价值。在英伟达发展过程中，我除了分析自己以外，也分析竞争对手，在保持优势的同时攻击竞争对手的弱点。这样无论何时，英伟达都可以处于市场核心地位，从而有更多时间和精力生产质量更高的产品。

从黄仁勋的故事中，投资者可以看到他的坚强、勇敢、专注、不服输等品质，这些都是创业者身上难能可贵的品质，也是投资者希望在创始人身上看到的品质。创业者讲故事的时候，不妨从自己和自己身边的事入手，看看是否能从中找到闪光点。

3.2.4 雷军是如何讲故事的

有段时间流行这样一句话："会讲故事，品牌自己都能飞。"但创业者想讲好一个故事，并不是那么容易。小米创始人雷军是讲故事的高手，创业者可以从他身上吸取经验。

雷军曾经把小米在发展过程中的一些重要故事整合起来，形成一个故事大串烧，包括招聘高素质人才进入团队、创始团队的分歧事件、100 个种子用

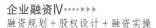
户的梦想、手机如何定价、搞定其他同类品牌赢取人心……这些故事成为投资者看重的关键部分，很大程度上提高了投资者为小米投资的可能性。有些投资者也许记不住手机配置，也记不住小米的上下游公司都有哪些，但能记住这些故事。对于雷军来说，这些故事就是向投资者传递价值观的最佳载体。

在向投资者讲故事时，雷军不会只把重点放在光鲜亮丽的故事上，也会说一些小米经历的"黑暗时刻"。但对于后者，雷军往往不会做过多阐述。例如，对于造芯片失败的故事，雷军没有对投资者做过多解释，而是用小米获得的两个奖项证明了整个团队的努力。

雷军重点讲述的正能量故事可以很好地体现小米的价值观，也从侧面宣扬了小米的发展潜力，有利于快速激发投资者的情感共鸣。由此我们可以知道，讲故事要以扬长避短为原则，只说自己应该说的和可以说的。

创业者需要以故事的形式将项目、产品、品牌、公司更好、更有效地推广出去，毋庸置疑，雷军就是这样做的。他将一个个故事凝聚成小米的"灵魂"，不断强化和深化小米的品牌价值，让投资者对小米产生了独特的感情。

3.2.5 线上"云路演"：抓住机会讲故事

身处新冠肺炎疫情防控阶段，很多事情都被"搬"到了线上，路演自然也在其中。在这个特殊阶段，公司有时需要通过线上"云路演"的方式向投资者介绍商业计划书。但无论是在线上还是线下，讲故事都是一个非常重要的环节。

创业者张洋在线上"云路演"中向投资者讲述了自己的故事。他从一个小镇青年一路过关斩将成为创业者，其中包含了太多的"酸甜苦辣"，而这些"酸甜苦辣"正是投资者感兴趣的部分。他的故事以创业经历为核心，主要遵循了以下两个原则，如图3-5所示。

图 3-5 创业经历应该遵循的两个原则

1. 奋斗的起点不高

在介绍创业经历时，张洋把自己奋斗的起点定得比较低，这样可以为投资者创造一个想象空间。其中的典型逻辑就是，他之前是一个普通人，家里条件非常艰苦，现在有了自己的梦想并开始创业，而且取得了一定的成果，假以时日，一定可以成为有影响力的企业家。

2. 普通中囊括不平凡

有些创业者在讲述自己的创业经历时，总是习惯把自己与众不同的一面展示出来，将自己包装成一个"可上九天揽月，可下五洋捉鳖"的独特形象，其实这样反而可能让投资者失去好感。为了更好地吸引投资者，张洋将自己的创业经历分解为以下几个部分。

（1）少年时代追求个性，"不走寻常路"。

（2）青年时代潦倒叛逆，似乎与社会格格不入。

（3）经过深思熟虑，决定改变现状，开始努力学习英语。

（4）拥有足够的经验后，离开自己工作多年的公司，朝着更远大的目标前进。

（5）走上充满坎坷和荆棘的创业之路。

（6）克服困难，取得了比较不错的成果，产品被越来越多用户接受。

不难看出，在张洋的人生中，普通与不平凡是兼备的。正是因为这样，他的创业经历才有讲的价值和必要。我们可以想象一下，一个非常普通，没有不平凡事迹的创业经历，可以吸引投资者吗？答案可想而知。

现在为了提升商业计划书的吸引力，让自己的项目被投资者青睐，很多创业者都愿意把创业经历分享出来。对于创业者来说，这样不仅可以加深投资者对自己的理解，还可以为自己打造亲切、接地气、坚强、不怕苦的形象，从而让投资者对自己有更深刻的印象。

3.3

不断完善商业计划书的细节

对于商业计划书，不同投资者的偏好有所不同。例如，有些投资者更重视排版，而有些投资者只在乎其中的数据。为了顺利完成融资工作，创业者应该提前了解投资者的风格，根据其偏好不断打磨自己的商业计划书，而不能"用一份商业计划书走天下"。

3.3.1 巧妙布局：用优秀排版提升吸引力

有些创业者可能遇到过这样的问题：用心撰写的商业计划书，投资者却因为字体、行距看起来不舒服而失去投资兴趣。项目很不错，如果因为商业计划书的排版问题而失去融资机会，那真的太可惜了。排版效果是投资者对商业计划书的第一印象，排版看起来舒服，投资者就有兴趣继续阅读；反之，投资者可能会放弃阅读。

最普遍的商业计划书排版要求如下。

字体：宋体。

字号：商业计划书名称为二号，GB2312 楷体，粗体；一级标题为三号，黑体，粗体；二级标题为小三号，GB2312 楷体，粗体；三级标题为四号，宋体，粗体；正文为四号，仿宋；图、表标题为五号，宋体；内容为五号，宋体；页眉和页脚为小五号，宋体。

行距：正文为 1.2 倍行距；标题为单倍行距。

页面设置：页边距为上侧 2.5 厘米，下侧 2.5 厘米，左侧 3 厘米，右侧 3 厘米；装订线为 0.5 厘米。

此外，在排版过程中，创业者还需要注意以下两个问题。

1. 多使用小段文字

在商业计划书中使用大段文字，不仅页面不美观，而且看起来很吃力。如果真的需要大量文字，应当学会用小段描述，并尽可能简练。

2. 用金字塔原理凸显层次感

金字塔原理的基本结构如图 3-6 所示。商业计划书使用金字塔原理可以凸显内容的层次感。大标题开头应当使用"一、""二、""三、"的形式并加粗，代表金字塔结构的塔尖部分；二级标题开头应当用"（一）""（二）""（三）"的形式并加粗；三级标题开头应当用"1.""2.""3."的形式并加粗。这样做是为了让投资者在浏览商业计划书的过程中更清楚每个部分是如何划分的，从而凸显内容的层次感。

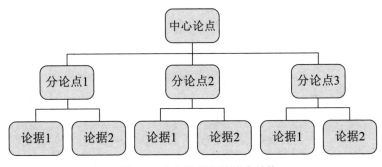

图 3-6　金字塔原理的基本结构

商业计划书的排版一定要简洁美观。如果排版凌乱，没有层次，遇到宽容度较高的投资者还好，若是遇到有强迫症的投资者，结局可想而知。

3.3.2　借数据让投资者心服口服

企业家马克·海德伦曾经说："对于投资者来说，产品本身可能不意味着什么，重要的反而是数据。"数据是投资者非常关心的一个指标，也是检验项目能否盈利的"试金石"。很多投资者会根据创业者提供的数据来分析项目的发展前景，从而做出更合理的投资决策。

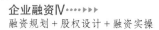
　　创业者首先得清楚项目的运营数据，然后再看市场数据、竞争对手数据等。此外，创业者还要善于收集用户反馈的数据。通过分析这些数据，创业者可以洞察用户偏好，迎合用户偏好，最终增加项目的受欢迎度。在商业计划书中多用数据，对投资者更有说服力。

　　任何人都无法预测未来，投资者能够做的就是拿到第一手数据，为投资决策提供可靠的依据。如果创业者意识到自己的项目有很大的不确定性，那就更应发挥数据的作用，如项目运营数据、市场规模数据、风险数据等。数据不仅可以帮助创业者自己看清楚前路的艰辛，做出更好的规划，还能让投资者做出更合理的投资决策。

　　将数据呈现在商业计划书中需要经过四步，如图 3-7 所示。

> 获取数据
>
> 处理数据
>
> 分析数据
>
> 呈现数据

图 3-7　将数据呈现在商业计划书中的四步

　　（1）创业者要把项目牵涉到的数据汇总起来，确定从哪些方面来分析问题。界定问题后，创业者就可以采集数据了。这一环节需要创业者具备结构化思维以及对问题的理解能力。

　　（2）处理数据是一个需要花费大量时间的过程。创业者要学习使用先进的数据处理工具，如 Excel、UltraEdit、ACCESS、Oracle、SPSS Modeler、SAS、R 开源软件等。

　　（3）分析数据离不开各类数据模型，包括预测模型、关联规则、分类、聚类等。创业者可以阅读入门级数据分析类书籍。

　　（4）呈现数据的方式有表格、图表等。创业者可以阅读相关书籍，以提升自身能力。

　　在大数据时代，"数据会说话"。如果你正在撰写商业计划书，那就多使用数据，让数据帮助你更好地说服投资者。

3.3.3　为商业计划书加个附录

附录是根据商业计划书正文需要额外加入的内容，对正文进行进一步介绍与讲解。附录不是必备的，通常会放在最后的位置展现。

附录主要包含以下几方面内容。

（1）正文中涉及的数据等重要信息的出处。

（2）正文中某些问题的研究和处理方法与技术。

（3）某些不方便编入正文，但非常重要的公式、程序、注释、结构图等。

以上内容需要创业者在商业计划书的最后部分以附录形式展示给投资者。需要注意的是，附录并非篇幅越大越好，而是要在对正文进行讲解和支持的基础上提供相关内容，才可以起到加分的作用。否则，投资者会认为是创业者对自己撰写的商业计划书不自信，才在后面赘述如此大篇幅的附录。这样会让投资者对商业计划书的价值产生怀疑，甚至可能让创业者失去融资机会。

面对不应该在商业计划书中出现的，但创业者又想让投资者了解的内容，可以等到投资者对项目有一定兴趣并想深入探究此项目后，作为参考资料奉上。对于创业者来说，这样也能达到吸引投资者的效果，不会对投资者的投资决策产生影响。

3.3.4　撰写商业计划书的注意事项

投资者投资与否虽然与项目本身有直接关系，但商业计划书的撰写也在其中发挥着重要作用。为了让融资更顺利，创业者在撰写商业计划书时要注意规避以下几个常见错误。

1. 给投资者一种群发的感觉

公司在融资过程中，为了增加融资成功的概率，会选择与多个投资者交流、沟通。这样就可能出现群发商业计划书的情况。投资者的时间很宝贵，他们在进行项目筛选时，往往会先将群发的商业计划书过滤掉。

因此，尽量不要群发商业计划书。如果时间紧，必须群发，那就在邮件中表现出自己的"专一"，将自己想要获得融资的真诚展示出来。此外，还要注意不要犯细节方面的低级错误，如字体不统一、文字颜色不统一、乱用标题等。这些都会影响商业计划书的最终质量，从而影响融资的顺利进行。

2. 模糊与背景和团队有关的内容

模糊与背景和团队有关的内容是撰写商业计划书的常见错误。很多投资者在投资时都非常看重人，即创始人及其团队。因此，在商业计划书中，创业者要介绍自己的背景，并将团队的核心能力和突出优势展示出来，从而为融资项目加分，获取投资者的信任。

3. 过度使用生僻概念

撰写商业计划书的目的是获得融资，为了让投资者更迅速地看懂其中的内容，不要使用自造的或生僻的概念来包装项目。有些创业者认为，越是专业、难懂的名词，越能让项目有深度、有价值，因而经常将各种概念套用到项目中。但实际上，这些概念会让投资者耗费更多精力去理解，会降低投资者的投资兴趣，反而不利于创业者获得投资。

一般来讲，商业计划书的撰写遵循"简而精"原则，即用最简单、精炼的概念和语言将项目清楚、完整地呈现出来。这样既能够节省投资者的时间，也能够让投资者看到项目的本质，以便他们更快地做出投资决策。

3.3.5　爱尚鲜花：借商业计划书融资上千万元

随着电商行业的不断发展，一些传统公司不得不转型升级，其中就包括鲜花销售公司。为了适应时代发展，一些鲜花销售公司也开始涉足电商。

爱尚鲜花是鲜花电商领域的佼佼者，其曾经凭借一份商业计划书成功融资上千万元。那么，爱尚鲜花的商业计划书究竟是什么样的呢？

首先，其商业计划书的第一部分是销售模式介绍，如图 3-8 所示。

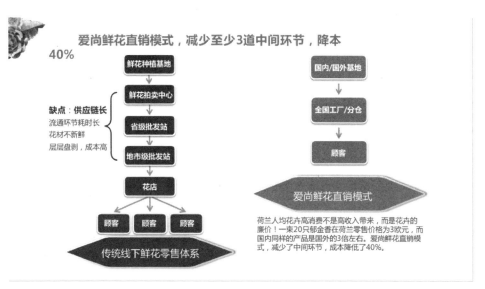

图 3-8　销售模式介绍

第二部分是用户与粉丝分析，如图 3-9 所示。

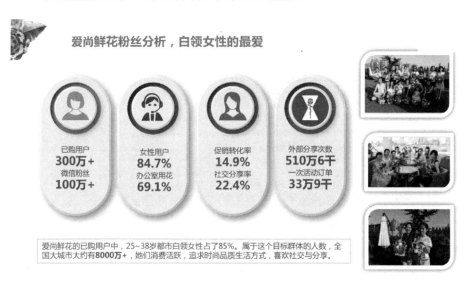

图 3-9　用户与粉丝分析

第三部分是运营数据分析，介绍了复购率和转化率的增长情况，如图 3-10 所示。

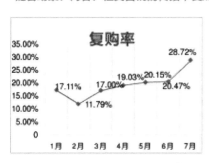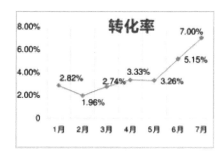

图 3-10　运营数据分析

第四部分是团队介绍，如图 3-11 和图 3-12 所示。

经验丰富的管理和运营团队

董事长、CEO、创始人 上海交通大学CMBA工商管理硕士和SMC University MBA硕士学位在读
- 鲜花互联网领域的开创者和领军人物，连环创业者
- 曾供职于大正药业集团，负责浙江区域市场的开拓工作
- 曾供职于旺旺集团，负责浙江大区KA渠道销售管理
- 曾创立阳光阿里餐饮，主要开展连锁餐饮服务，5家直营店，600多家加盟店

战略副总，复旦大学公共管理硕士
- 品牌6C理论创始人，上海交大总裁班特约讲师
- 曾服务中国南方航空、上海医药集团、香港雅芳婷集团等大型企业
- 曾从事企业管理咨询，服务过FMCG、TMT行业，擅长战略管理、品牌运营、电子商务
- 曾出版45万字的品牌管理专著《品牌源动力》（中国发展出版社，2013）

业务副总，毕业于上海理工大学
- 先后任职于通用汽车、国药控股和金龙鱼等世界500强企业，曾担任通用汽车数据平台数字运营经理，熟悉消费品牌
- 曾任知名TP公司运营总监，期间服务过20多个线上零售品牌
- 淘宝大学企业内训导师，拥有丰富的电商运营实战经验，擅长电商渠道运营和市场营销

图 3-11　团队介绍（1）

经验丰富的管理与运营团队

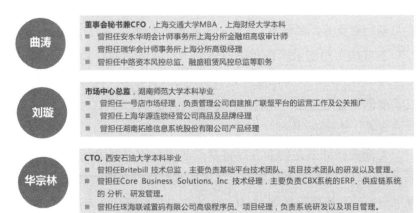

曲涛 **董事会秘书兼CFO**，上海交通大学MBA，上海财经大学本科
- 曾担任安永华明会计师事务所上海分所金融组高级审计师
- 曾担任瑞华会计师事务所上海分所高级经理
- 曾担任中路资本风控总监、融盛租赁风控总监等职务

刘璇 **市场中心总监**，湖南师范大学本科毕业
- 曾担任一号店市场经理，负责管理公司自建推广联盟平台的运营工作及公关推广
- 曾担任上海华源连锁经营公司商品及品牌经理
- 曾担任湖南拓维信息系统股份有限公司产品经理

华宗林 **CTO**，西安石油大学本科毕业
- 曾担任Britebill 技术总监，主要负责基础平台技术团队、项目技术团队的研发以及管理。
- 曾担任Core Business Solutions, Inc 技术经理，主要负责CBX系统的ERP、供应链系统的 分析、研发管理。
- 曾担任珠海联诚置码有限公司高级程序员、项目经理，负责系统研发以及项目管理。

图 3-12　团队介绍（2）

第五部分是融资计划，如图 3-13 所示。

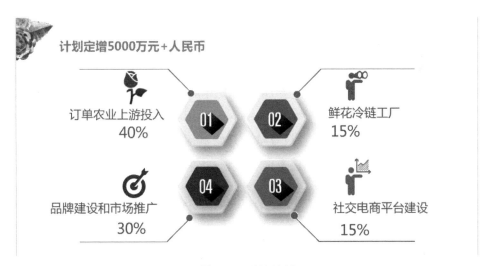

计划定增5000万元＋人民币

- 订单农业上游投入 **40%**
- **01**
- **02**
- 鲜花冷链工厂 **15%**
- 品牌建设和市场推广 **30%**
- **04**
- **03**
- 社交电商平台建设 **15%**

图 3-13　融资计划

　　虽然上述图片不能反映爱尚鲜花的商业计划书全貌，但可以给创业者一些启发。创业者在制作自己的商业计划书时可以借鉴其中好的做法，再根据公司的实际情况和自己掌握的投资者偏好进行完善和优化。

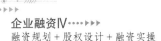
章末总结

1. 对于一个正在发展中的公司来说，编制专业、有吸引力的商业计划书既是顺利融资的必要环节，又是全面思索发展战略、重新定位目标市场的过程。

2. 有些公司的融资成功率不高，很可能是商业计划书不合格，让投资者对项目感到失望。制作商业计划书与创业一样，是一个复杂、系统的工程，不仅需要创业者对行业、市场、公司等进行深入研究，还需要创业者有很好的文字功底和大局思维。

3. 商业计划书是创业者对自身商业理念的书面表达，可以帮助投资者判断市场机会，让投资者了解公司的发展规划是否合理。商业计划书的所有内容都要以事实和数据为基础，而且要向投资者证明驱动公司成功的因素是可信的。

4. 故事最有可能打动投资者，当投资者离开时，创业者讲述的很多内容会从其记忆中消失，但有关创业者和项目的故事则可以长时间留存下来。

5. 创业者需要依靠各种故事在商业计划书中构建一种大场景，这种场景可以很好地吸引投资者。在融资过程中，谁掌握了讲故事的核心，谁就占据了优势地位。

6. 在投资者眼中，含糊不清、毫无意义的商业用语只是不切实际的口号。聪明的创业者会用精炼、严谨、易懂的语言向投资者介绍项目，而不会过度地卖弄自己的才学。

7. 事物是变化的，创业者很难从一开始就预测到所有可能性。根据事物的变化调整商业计划书、不断完善商业计划书的细节，非常必要。

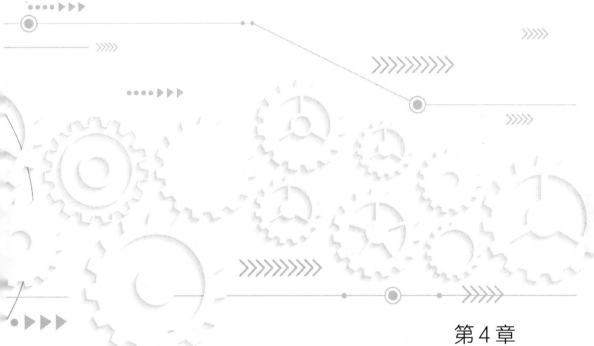

第4章

做大公司估值：打造一个高"身价"

投资者只要对项目、产品、公司、团队有一定的兴趣，就不可避免地会向创业者提问："你们公司的估值是多少？"有些创业者不知道该如何回答，索性就说"你先报个价吧"。结果投资者随口说一个不合理的估值，最终导致创业者失去融资机会，或者丢掉很多股权。

每一家公司的估值、每一项融资交易的价格都应该有一个合理的范围，如果超出这个范围，投资者或创业者便可能遭受损失。我们为公司估值，以及设法做大估值，都是为了保护自己的利益，让融资更顺利地完成。因此，创业者需要掌握估值的知识和技巧。

4.1

公司估值概论

估值是融资的基石，也是公司吸引投资者的重要条件。这个概念最早在约翰·伯尔·威廉姆斯于 1938 年出版的《价值投资理论》一书中被提到。现在，估值已经成为融资过程中必不可少的环节，创业者有必要掌握一些与之相关的知识。

4.1.1 思考：估值是越高越好吗

巴菲特认为，投资有两个重点：一个是如何为公司估值，一个是如何充分利用市场情绪。可见。在投资过程中，估值是必不可少的环节。估值也是一门比较复杂的学问，而且不同的公司适合不同的估值方法，没有一个放之四海而皆准的普适方法。

在创业初期，公司的价值通常接近于零，但估值却要高出许多。对于创业者来说，这是不是就意味着估值越高越好？不一定。

在天使轮融资中，如果公司得到一个高估值，那么到下一轮融资时，公司的估值就要更高才可以。也就是说，在两轮融资之间，公司的业务规模、营业利润要增长很多。换言之，创业者需要向投资者表明公司的整体规模和收益比之前增长了很多。

如果创业者做不到这一点，那么通常只能接受投资者的苛刻条款，进行一次低估值融资。在这种情况下，除非有新投资者加入，或者其他投资者愿意为公司投入更多的钱，否则公司的现金流很可能会因此而断裂，甚至造成公司破产。所以，在融资时，公司的估值不是越高越好。

4.1.2　不可不知的五大估值要素

在为公司估值时，有些创业者只是简单、片面地考虑单一因素，从而让自己掉入估值陷阱。本小节总结了与估值息息相关的五大要素，即增长空间、增长速度、增长效率、ROE（净资产收益率）、风险。根据这五大要素，创业者可以得到一个更科学、合理的估值结果。

1. 增长空间

股神巴菲特的一项投资原则是"是否具有良好的发展前景"。公司能否壮大，是建立在其是否有充足的增长空间之上的。拥有巨大增长空间的公司更容易受到投资者的喜爱，这是一个毋庸置疑的事实。公司的增长空间通常受限于其所在行业的增长空间，一般可从用户渗透率、人均消费水平、行业现状等方面进行判断。

2. 增长速度

增长速度是显著影响估值的因素之一，毕竟增长空间属于不可预知的指标，而收入、利润的增速却是可以被预测和证实的。许多投资者喜欢用 PEG 指标（即公司的市盈率除以盈利增长速度）对公司进行估值，并据此决定投资金额。

3. 增长效率

假如某一家公司的利润增幅很快，但现金流却被存货、应收账款等占据了绝大部分；另一家公司的利润增幅也很快，但需要将利润投回公司进行资本支出才能增长，股东无法自由支配利润。那么，这两家公司的增长效率高吗？答案显然易见，都不高。

公司的自由现金流＝扣除调整税后的净营业利润＋折旧摊销－资本支出－运营资本支出

上述两家公司的后两项指标数值较大，导致自由现金流减少，增长效率也就随之下降，从而使公司的估值有所降低。

4.ROE（净资产收益率）

假如只能用一个指标来衡量公司经营是否出色，那这个指标非 ROE 莫属。长期较高且稳定的 ROE 体现出公司有独特的竞争优势来维持超额利润，大多数投资者对这类公司的估值偏高。当然，也有投资者喜欢投资 ROE 出现大幅度提升的公司，这类公司的 ROE 先前并不优异，但因为行业周期、资产剥离、业务拆分等因素影响，其估值往往会一鸣惊人，成为我们俗称的黑马股。

5.风险

风险非常容易被忽视，即使公司的收益情况不错，但如果承担了过高的风险，其估值也会降低。公司的风险主要有 3 种，分别是财务风险、经营风险、市场风险。投资者在为公司估值时会考虑这些风险，创业者必须制定完善的风险应对措施，以赢得投资者的信任。

4.1.3 实战案例：Facebook的估值之路

2012 年，Facebook 正式在纳斯达克上市，开盘价 42.05 美元，是当时规模非常大的科技 IPO 之一，当时市值超过 1000 亿美元。那么，Facebook 是如何从一个创业公司发展到一个拥有高估值的社交帝国的？我们似乎可以从其估值之路中找到答案。

2004 年 2 月，马克·扎克伯格和其他三位联合创始人在几千美元的资助下建立了 Facebook。仅过了 4 个月，Paypal 联合创始人 PeterThiel 又向 Facebook 投资 50 万美元。当时社交网站 Friendster 还提出以 1000 万美元收购 Facebook，被 Facebook 拒绝。

2005 年 4 月，Accel Partner 向 Facebook 投资 1270 万美元，其估值达到 1 亿美元。

2006 年 4 月，Facebook 获得 2500 万美元投资，估值达到 5.25 亿美元；同年 9 月，Facebook 再次拒绝了雅虎估值 10 亿美元的收购意向。

2007 年 10 月，微软向 Facebook 投资 2.4 亿美元，其估值上升至 15 亿美元。

2008 年 8 月，Facebook 的估值达到 40 亿美元。

2009 年 9 月，俄罗斯 DST 向 Facebook 投资 2 亿美元，其估值上升到 100 亿美元。

2010 年，投资者对 Facebook 的估值上最低为 120 亿美元，最高为 594 亿美元。

2011 年 9 月，Facebook 的估值上升到 875 亿美元。

2012 年 3 月，Facebook 的估值为 1028 亿美元；同年 5 月 IPO 时，每股定价 38 美元，估值为 1040 亿美元。

Facebook 变化如此之快的估值之路代表了市场以及投资者对其未来发展的看好与高预期。与此同时，Facebook 凭借这样的高估值，始终保持着较快发展，成为美国社交领域的佼佼者。但比较遗憾的是，Facebook 的早期投资者彼得·泰尔（Peter Thiel）就错失了机会，因为他大大低估了 Facebook 指数式增长的可能。

估值反映的是投资者对公司的成长预期。在公司早期发展阶段，投资者往往更看重公司的增长潜力。这也是为什么很多早期项目能够获得融资，拥有比较不错的估值的原因之一。此外，估值也代表了公司长期增长的稳定性。如果一家公司连续多年保持增长，那么其估值水平也会相对较高。相反，有些行业周期性很强，每隔一段时间行业的龙头位置就会被其他公司代替，此类公司的发展通常不稳定，估值也会相对较低。

对于创业者来说，保证公司的增长，想方设法提升公司的估值，是顺利融资的重要环节。创业者一定要对公司有精准定位，做好内部管理，以获得更多投资者的青睐。

（4.2）

计算公司估值的六种方法

鉴于估值的重要性，现在已经衍生出很多为公司估值的方法，如账面价值法、现金流贴现法、可比公司法、可比交易法、用户数流水计算法等。创业者需对这些方法进行全面了解，提前为公司设定一个估值范围，防止因投资者的不合理估值而陷入被动。

4.2.1 账面价值法

账面价值法是指用公司总资产扣除股东权益部分，作为目标公司的价值。账面价值法指对目标公司的现有资产进行估值分析，而不能着眼于目标公司的未来价值。以下三方面原因会影响账面价值法的准确程度。

（1）通货膨胀使某项资产的价值降低，不等于它的历史价值折旧；

（2）技术进步使某些资产出现过时贬值的情况；

（3）由于组织资本的存在，使得资产组合超过各单项资产价值之和。

4.2.2 现金流贴现法

现金流贴现法是以未来的现金流之和为核心来估值。这种方法建立在公司平稳发展的基础上，需要考虑公司未来5~10年的预期收益。使用现金流贴现法，需要做好以下3项工作，如图4-1所示。

1. 现金流估算

创业者与投资者达成的一致看法可以反映在现金流估算中。例如，公司的利润率未来会提高，或者销售增长速度会降低，又或者需要增加投入来保养现有设备、厂房等。

1	现金流估算	2	贴现率估算

3	控制权溢价及非流动性折价估算

图 4-1　与现金流贴现法有关的 3 项工作

假设，A 公司的现金流是 1000 万元，因为销售前景非常不错，所以预测该公司的现金流在未来 5 年会以 10% 的速度增长。然而由于竞争加剧，5 年后，A 公司的现金流实际增长速度为 5%。接下来我们估算该公司未来 10 年的现金流，从第 11 年开始作为永久价值。那么根据以上信息，我们可以列出 A 公司第 1 年到第 10 年的现金流估算结果，如表 4-1 所示。

表 4-1　A 公司第 1 年到第 10 年的现金流估算结果

时　　间	现 金 流
第 1 年	1100 万元
第 2 年	1210 万元
第 3 年	1331 万元
第 4 年	1464.10 万元
第 5 年	1610.51 万元
第 6 年	1691.04 万元
第 7 年	1775.59 万元
第 8 年	1864.28 万元
第 9 年	1957.49 万元
第 10 年	2055.36 万元

在估算非上市公司的现金流时，我们要特别小心，因为非上市公司的历史财务状况不像上市公司那样透明、清晰、详细。

2. 贴现率估算

怎样估算贴现率呢？美国晨星公司把美国股市的贴现率平均值设定为 10.5%。因为公司不能使用同一个固定的平均值，所以晨星公司又根据自身

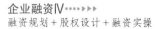
经验为贴现率设定了一个区间，即 8% 到 14%。一般风险越高、波动越大的公司，贴现率越高，越接近 14%；风险越低、波动越小的公司，贴现率越低，越接近 8%。

3. 控制权溢价及非流动性折价估算

在对公司进行现金流贴现分析时，我们还需要考虑溢价、折价等关键因素。溢价源于控制权，控制权是产生价值的。相比于上市公司，非上市公司的股权交易通常伴随着控制权的转移。如果非上市公司管理较差，那么投资者可以利用控制权来更换管理层，以提升财务表现，这就是所谓的控制权溢价。

此外，市场还会给公司 20% ～ 30% 的非流动性折价，我们应该将这部分成本考虑进去。如果现金流贴现法能够得到合理运用，将会是一个非常强大的工具。不过我们必须知道，现金流增长率或者贴现率的任何微小改变都会对公司的估值造成极大影响。

4.2.3 市盈率倍数法

市盈率倍数法的计算公式为：公司市值 = 公司收益 × 市盈率倍数。例如一家公司的上一年利润是 500 万元，采取 10 倍市盈率，公司市值就是 5000 万元。

市盈率倍数法的优点在于直观、简单，容易计算，便于投资者在不同股票之间进行比较。其缺点在于有被误用的风险，例如在公司收益或者公司预期收益为负值的情况下，该方法不适用。

此外，市盈率倍数法使用短期收益作为参数，而短期收益往往不能直接反映公司的发展前景。这也就意味着，该方法难以准确反映公司运用财务杠杆的水平，容易造成较大误差，从而导致投资者做出错误的投资决策。

4.2.4 可比公司法

可比公司法是投资者比较喜欢的估值方法，即用同行可比上市公司乘数来决定目标公司估值。因为可比上市公司的数据通常更有时效性和真实性，所以得出的结果比较准确可信。使用可比公司法的关键步骤包括以下3个。

1. 挑选同行业可参照的上市公司

可比公司法可以提供一个市场基准，然后依照这个基准分析目标公司的价值。这里的市场基准应当是目标公司同行业可参照的上市公司，主要作用是提供一个相关性很强的参考。通常我们应该先从目标公司的竞争对手开始分析，因为竞争对手之间具有相似的业务、发展战略及风险。在具体操作上，创业者可以通过百度搜寻竞争对手，数量以 5~10 个为宜。

2. 计算同类公司的主要财务比率

同类公司的主要财务比率包括盈利能力、投资收益、杠杆率、相关倍数等。盈利能力可以通过毛利率、EBITDA（税息折旧及摊销前利润）率、EBIT（息税前利润率）以及净利润率 4 个指标分析，这 4 个指标对盈利能力的衡量不同。

投资收益通常用 3 个指标来分析，分别是投入资本回报率（ROIC）、净资产收益率（ROE）、资产回报率（ROA）。

杠杆率主要是指公司的负债水平，其衡量指标一般是债务与 EBITDA 的比率、债务与资本总额的比率，以及覆盖比率（EBITDA 与利息支出的比率）。杠杆率越高，公司陷入财务困境的风险就越大。所以，投资者十分关注杠杆率。

在收集好所需财务数据并制成表格之后，创业者就可以计算同类公司的相关倍数，如市盈率（P/E）、公司价值 /EBITDA、公司价值 / 销售额等。

3. 用这些比率作为市场价格乘数做出估值

挑选出同行业可参照的上市公司并计算出主要财务比率后，接下来就需要将目标公司与同类公司进行分析和比较，进一步确定相对的估值范围。基于以上比较分析以及关键性业务特征、财务绩效指标对比和交易倍数比较，创业

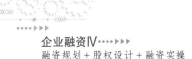
者就可以识别出与目标公司最接近的公司，这些最接近的公司可以帮助创业者框定最终估值的范围。

4.2.5　可比交易法

可比交易法指的是从类似的融资交易事件中获取有用的财务数据，最后计算出相应的融资价格乘数，并以此为依据对目标公司进行估值。

例如，A公司在不久之前获得融资，B公司与A公司同属一个行业，并且业务领域也十分相似。B公司的经营规模比A公司大3倍，对B公司的估值就要在A公司的基础上扩大3倍左右。

如果使用可比交易法，虽然B公司实际的估值会出现偏差，但从整体上来看具备一定的可参考性。因此，创业者要掌握该方法，为投资者展示一个比较合理的估值。

4.2.6　用户数、流水计算法

目前虽然互联网公司呈现爆炸式增长，但对其的估值仍然做不到十分准确。互联网公司比较常用的估值方法有用户数法与流水法。

例如，某投资者对游戏公司的营业收入进行预测，预测方法如下：游戏流水＝付费用户数×付费玩家月均消费值＝活跃用户数×付费率。

游戏推出后，付费用户在测试期、成长期的增长速度较快，并逐渐将公司的营业收入推到高点。此后，公司若能维持较高的付费用户量，就可以保持相对稳定的利润。在游戏进入衰退期、付费用户量下降时，投资者可以选择退出。

互联网公司创新模式频出、发展周期短、更替速度快、变化幅度较大，这使其估值难度较大，而且评估机构也难以参与到其估值工作之中。因此，与一般公司的估值方法不同，互联网公司的估值方法还需要不断摸索与创新。

4.3

如何快速提升公司估值

估值涉及公司经营的方方面面，如业务结构、客单价、利润情况等，这些因素相互作用，影响着公司的融资过程。如何有效估值，并在融资过程中实现估值提升，是目前所有公司都面临的一个问题。创业者需要掌握快速提供估值的方法，以高效、妥善地解决这个问题。

4.3.1　从合理拆分业务入手

在投资过程中，投资者无法做到总是准确地为公司估值，尤其是一些实施多元化经营战略的上市公司，其业务范围往往很广，投资者对其涉及的业务可能无法正确理解，于是就可能会低估其价值。为了避免这种情况，创业者可以选择进行业务拆分。

进行业务拆分可能导致新业务无法实现资金、技术、信息、人力等资源的共享，看上去似乎不利于公司发展，但实际上，由于公司的业务风险、资金状况均不相同，多个业务混杂很可能会导致估值降低，将这些业务进行拆分，反而可能会实现"1+1 > 2"的效果。

下面我们以联想为例，简述进行业务拆分的好处。

将原有业务进行拆分，分别成立"联想集团"和"神州数码"两家子公司，是联想实施的大规模战略调整。但在进行业务拆分前，联想的两大核心业务其实是可以很好地发挥协同效应的。那么，联想为什么还要对业务进行拆分呢？

首先，两项业务存在竞争关系。随着联想业务的扩大及市场份额的提升，其代理分销业务与自有品牌业务之间的冲突逐渐开始显现。随着自有品牌的不断升级，其与代理分销品牌的竞争日益激烈。无论放弃哪一部分都会对联想产生重大影响，将两大核心业务进行拆分成为联想实现发展壮大的必由之路。

其次，进行业务拆分可以优化资源配置。将业务拆分后，两家子公司的业务更有针对性，这也使得作为母公司的联想可以更好地进行资源配置，提升管理效率。与此同时，联想还在拆分过程中实现了重点业务转移工作，拆分完成后，两项业务在公司总营收中的占比由60%提升至83%，有效增强了公司的竞争优势。

此外，进行业务拆分还可以解决员工的股权激励问题。联想在建立初期就积极推行员工持股政策，但员工持股与工作业绩没有关联，并未产生很好的激励效果。业务拆分后，两家子公司将独立发展不同业务，员工手中的股票也将与所在子公司直接关联，这使联想的激励机制得到进一步完善，同时还可以最大限度激发员工的责任心。

业务拆分后，神州数码与联想集团成为两家独立的子公司，双方的分支部门与整体架构都产生了相应变化。联想集团的市场定位及发展战略更加清晰，其估值与市盈率得到了显著提高，投资者也可以从中获得更丰厚的回报。

与此同时，神州数码虽然偶有亏损，但在进入战略转型期后，同样得到了迅猛发展，其估值也有所提升。时至今日，神州数码已经实现从个人用户到大型行业用户的全面覆盖，成为国内大的 IT 服务商之一，并完成了多轮估值比较高的融资。

4.3.2　适当提高客单价

"是不是只要订单多、转化率高，并且抢占了流量入口，公司就可以高枕无忧了？"很多创业者考虑过这个问题。其答案是否定的。这里有一个虽然总是被忽视但非常重要的因素——客单价。提高客单价是实现盈利增长的一个非常有效的方法，其本质就是让每位用户单次消费更多金额。客单价通常由以下几个因素决定。

1. 门店的铺货情况

销售场景会影响用户的购物情况。例如，大卖场、超市、便利店相比，大卖场内产品的铺货量最大、品类最广，超市其次，便利店最次。同样的零食，在大卖场的客单价可以达到 60 ～ 80 元，在超市可以达到 20 ～ 40 元，而在便利店只有 8 ～ 15 元。

2. 品牌产品定位

在销售场景相同的情况下，不同品牌的定位价格不一样，其客单价也会有差异。例如，某商场 A 品牌零食套装售价为 380 元，B 品牌的相似套装售价为 128 元。或许 B 品牌的销售量会更大，但在客单价的作用下，A 品牌的营业额会显著高于 B 品牌。

3. 品牌促销活动

在品牌促销时，用户通常会倾向于选购价格优惠更大的产品。我们可以利用这种消费心理，通过开展品牌优惠活动促成用户购买，从而提高客单价。

4. 产品关联组合

根据产品关联性可将产品划分为同品类、相近品类、跨品类和跨大类。将产品根据关联性进行组合，可以有效提高客单价。例如，将婴儿的食品、衣服、玩具进行组合，虽然横跨了 3 个大类，但这种组合十分符合用户的消费习惯，可以有效引导用户购物。

在了解影响客单价的因素后，我们就可以充分利用这些因素提高产品的客单价。

对于同类产品，我们可以采用降价促销、捆绑销售或举办买赠活动等方式。对于不同类产品，我们可以通过上述案例将产品进行组合，从而带动异类产品销售。在这个过程中，我们要考虑产品的关联性，利用产品的相似性或互补性拉动用户购买行为。

如果公司的信息化程度足够高，我们也可以对产品的销售数据进行分析。例如，分析各品类在不同季节、不同节日的销售情况，从而建立产品与节日的连接，进一步引导用户消费；了解各品类的销售趋势，有意识提升产品的品类档次；创建完善的会员系统，建立会员个人消费行为画像，实现会员的针对性营销。

最后，我们还要实时更新产品信息，频繁制造消费热点，向用户推广当期最新产品、热销产品、促销产品，将客单价的提高常态化。

4.3.3 负现金流循环模式

在介绍负现金流循环模式前，我们先来看一个相关案例。传统零售行业利润率通常比较低，但很多公司每天依然有大量交易额，其中便隐含着负现金流循环模式。

我们可以发现一个特点：消费者在购买产品时，第一时间会把现金支付给商家，但在另一端，当供应商，即产品提供方想要进驻商家时，双方的支付条款中通常会有一个很长的账期，有的是 10 天，有的是 1 个月，有的甚至长达 2～3 个月。

这就意味着，现金流会在商家那里沉淀下来，为商家创造非常大的价值。例如，沃尔玛的利润其实不是非常高，但其估值一点都不低，甚至超过了一些科技公司或互联网公司。这是为什么？因为沃尔玛这家公司蕴含着非常巨大的现金流，这些现金流对投资者很有吸引力。

要正确使用负现金循环模式，关键就在于如何增加可以自由支配的现金流，这是公司获得持续发展的重要因素。如果创业者可以积累更多这样的现金流，那么公司的发展将越来越好，估值也会越来越高。

4.3.4 挖掘并瞄准高利润区

聪明的创业者一定会进入高利润区，并在高利润区持续经营，从而使自己为用户创造不可替代的价值。形象地说，高利润区就类似于公司赖以生存和发展的"土壤"，会直接影响公司从事的行业、研发的产品，以及做出的业务决策，并在很大程度上决定了公司的平均收益。如果公司能够瞄准行业中的高利润区，以此为核心设置战略方案及商业模式，不仅能有效提升估值，还能为投资者带来更高价值的回报。

目标群体的价值越高，往往意味着公司越能获得较高的利润。因为目标群体的收入水平与消费理念往往会对其消费行为产生影响。优秀的公司会将目标群体分层，从高消费群体入手，将其需求和偏好与自己的产品或服务紧密结合。

一家没有明确定位的设计公司，可以为客户提供海报设计、网页设计甚至户外广告设计等服务。从表面上看，这家公司似乎有极强的专业能力，可以同时涉猎很多方面，但实际上，这家公司在海报设计、网页设计等低利润区投入过高，整体业绩并不理想。

目前海报设计、网页设计等市场相对饱和，而且收费水平不高，客户对这两项服务的价值感知不强。通常设计一张海报可以为公司带来大约 1000 元的收益，设计一个网页可以为公司带来大约 5000 元的收益。在大多数客户看来，海报与网页的设计并不复杂，购买相关服务很难让他们感觉物有所值。

但有趣的是，很多客户十分愿意为操作起来更简单的 Logo 设计投入更多资金。对于这些客户而言，Logo 的意义可能更为重大，适用范围更广，使用年限更久。因此，Logo 设计就是设计行业的高利润区，开通了这项业务的公司值得投资者关注。

除了设计行业以外，还有很多行业也存在高利润区。例如打印机的价格普遍不超过 100 美元，但其实需要重复添加的墨水才是真正赚钱的业务；咖啡机本身不贵，但胶囊咖啡会给公司带来巨大收益；主打炒菜机器人的公司，其预期的真正盈利点大概率是炒菜料理包。将墨水、胶囊咖啡、炒菜料理包这些优质、廉价、可反复使用的硬件产品作为切入点培养用户，进而通过经常性收入获得盈利的商业模式很受投资者欢迎。

总的来看，由于不同行业的投入产出比相差巨大，选择大于努力的情况比比皆是。即使在同一行业，各细分领域也有较大的收入差距。究其原因，就在于各细分领域对应的利润等级不同。公司瞄准行业中的高利润区，可以有效帮助自己减轻业务负担，获得更多收益。

4.3.5　阅文：强势上市，估值达到近千亿港元

2017 年 11 月，腾讯旗下的阅文集团正式登陆港股交易，上市首日股价便

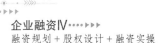

大涨 86%，估值更是高达近千亿港元，发展可谓异常迅猛。阅文为什么可以取得如此亮眼的成绩呢？

第一，网络文学时代已经到来。

随着移动互联网、人工智能等技术的发展，网络文学越来越火爆。文学爱好者可以在网上发布自己创作的文章，让各地的网民阅读和欣赏。创作者与网民之间的供需关系，使得第三方有了从中获利的机会，阅文牢牢把握住了这个机会。

阅文依靠 VIP 收费制度和作家分成模式抢占了先机，在网络文学市场上处于优势地位。现在网络文学市场的规模还在不断增长，阅文的未来发展空间值得期待。当然，除了维持现有变现模式以外，阅文还要挖掘微信、微博等营销渠道，持续培育爆款网文。

第二，全方位打造品牌矩阵。

从 2015 年开始，阅文便着手整合盛大文学、QQ 阅读、起点中文网、起点女生网、创世中文网、云起书院、潇湘书院、红袖添香、小说阅读网、言情小说吧等知名品牌，并签署了上百万位作家，内容涵盖 200 多个品类。此举不仅为阅文带来了大量收入，还让其成为我国规模超大的 IP 版权商，更为阅文进行泛娱乐转型奠定了基础。

第三，IP 开发潜力很大。

随着业务结构的不断完善，阅文在 IP 开发方面也有建树。例如，阅文曾经参与《庆余年》《择天记》《全职高手》《黄金瞳》《美食供应商》等多个知名 IP 的影视化改编。此外，阅文还与光线传媒、新丽传媒等达成合作，共同开发新 IP，为自身后续发展助力。

未来，网络文学的发展肯定不止于 IP 开发，还会出现一些新的机遇。而在这个新机遇到来前，阅文凭借极具优势的市场份额在网络文学领域占据了有利地位，助力该领域不断发展。

章末总结

1. 巴菲特曾经说："投资只需要做好两件事：如何为公司估值，如何激发市场情绪。"笔者非常认同这个观点，也鼓励创业者重视估值工作。

2. 估值是融资的前提，投资者将资金投入公司，应该占有的权益首先取决于公司的估值。为公司估值是一个非常专业、复杂的问题，创业者需要认真对待。

3. 投资者之所以要了解公司的估值，是因为他们要用自己手里的资金去帮助公司。至于要拿出多少资金，他们会有自己的算账方法，这个算账的过程其实就是在为公司估值。

4. 估值的逻辑在于"估值决定价格"，目前的估值方法可以分为两大类——相对估值法和绝对估值法，创业者可以根据自身情况选择使用。

5. 无论哪种估值方法，都要建立在创业者对公司有深刻理解的基础上。

6. 估值是动态变化的，绝对不像做数学题那么简单，也不是算一算就可以得出精准结果的。对于创业者来说，估值是一门非常值得修炼的"艺术课"。

7. 有些公司的估值非常高，关键就在于它们创造性地找到了可以快速增长的"魔法指标"，这个"魔法指标"与业务、客单价等息息相关，而且其曲线大多是蜿蜒向上的。

8. 在为公司估值时，创业者要真正做到化复杂为简约。大多数创业者只要走在正确的道路上，多下功夫、艰苦历练，是可以顺利解决估值难题的。

中篇　股权设计

第 5 章

股权分配方案：为投资者进入做准备

一个科学、合理的股权分配方案既能让投资者参与决策，又能保证创业者在公司的领导地位。本章以股权分配为核心，探讨制订股权分配方案的相关知识和技巧，以便让创业者在融资时能够提前做好准备，更好地规避股权风险。

5.1
为什么要分配股权

对股权进行分配可以明确创业者和投资者之间的权、责、利，使公司稳定发展下去。股权分配不仅是影响控制权的重要因素之一，还是投资者在考察项目时应当重点关注的一个方面。所以，创业者要重视股权分配，争取实现各利益相关者的共赢。

5.1.1　抓住融资时机有利于公司发展

融资是一个非常热门的话题，很多创业者都希望多学习一些融资知识。有些创业者因为没有抓住融资时机而导致公司发展受阻，甚至倒闭。因此融资是很重要的，创业者要抓住融资时机，并提前规划股权方案，避免因为融资和股权问题而给公司发展带来负面影响。

"礼物说"是"90 后"创业者温城辉创立的移动电商平台。它以"礼物攻略"为核心，收罗时下流行的礼物和送礼物方法，为用户推荐礼物，用户也可以在平台上下单购买礼物。"礼物说"公司在 A 轮获得了红杉资本 300 万美元的融资，在 B 轮获得了 3000 万美元的融资，在 C 轮获得了 1 亿元人民币的融资。

温城辉坚守一条定律：永远不要等到缺钱时再融资。通常当资金只剩下 6 个月的使用量时，他就开始准备下一轮融资了。在 B 轮融资时，"礼物说"公司的银行账户内储备了大量的资金，温城辉认为这样做可以保证公司短时间

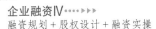

内无生存压力，从而能够让相关部门集中精力安心研发产品，还能够在接下来的融资中保持较高的估值。

下面这个比较有代表性的案例说明了融资时机的重要性。

2019 年 4 月，上海一家儿童早教机构倒闭，其创始人因拖欠供应商货款而成为全国失信被执行人。该项目于 2017 年 6 月启动，当时在线教育是许多投资者关注的热点，该项目凭借项目、团队优势获得了 2500 万元的 A 轮融资。其创始人在 6 个月内拿出 1500 万元进行了课程升级和线上推广。

2018 年 7 月，该项目用户量超过 400 万，成为在线教育领域的黑马。这时公司账户有 800 万元可用资金。根据推算，这些资金可以维持公司 7 个月的运营。公司创始人认为，用户量增长迅速，过早启动 B 轮融资不会获得较高的估值，于是计划于 2019 年 1 月启动 B 轮融资。

2018 年 11 月，在线教育项目的融资形势发生变化，很多投资者对在线教育项目避而远之。但当时仍有一家投资机构初步给出了 2 亿元的公司估值，并同该项目签署了投资意向书。然而最终该投资机构未签署正式融资合同，原因是机构不看好在线教育的发展形势，希望按 8000 万元估值签署协议。创始人拒绝接受，在与其他投资者多次洽谈无果的情况下，该早教机构倒闭。

在公司初创阶段，融资过程时长时短，融资结果时好时坏，创业者要留足融资时间，避免因融资过晚影响公司发展。

5.1.2 防止创始团队的股权被稀释

股权稀释通常是指公司因为增发股权而导致原股东（一般是创始团队）手里的股权减少。这是融资给公司带来的变化之一，也意味着随融资轮次的不断增多，创业者的股权会逐渐减少。创业者最终能获得多少股权，在很大程度上取决于公司的融资轮次。

通常，一个不断发展、壮大的公司在上市前往往需要 5 轮以上融资，即种子轮、天使轮、A 轮、B 轮、C 轮……IPO。公司每引入一轮投资，创业者和原投资者手里的股权都会被稀释，股权比例就会相应减少。

经过多轮融资和期权池调整，创业者手中的股权往往会比较少，此时就能体现出提前分配股权的重要性。如果创业者可以根据公司实际情况，将公司可能经历的融资轮次考虑在内，提前为投资者预留股权，就可以在一定程度上避免自己的股权被过度稀释。

不过从公司层面来看，股权稀释也不一定是坏事。创业者通过引进投资者把公司一步步做大、做强，最终实现上市，即使股权被稀释，也是值得的。因为公司的发展、壮大会使市值不断增长，而市值增长带来的收益远高于出让一部分股权带来的损失。

5.1.3　1号店：创始人沦为打工者的悲剧

颇受广大用户喜爱的1号店成立3年便走上巅峰，成为电商行业的顶流平台。但在后来一段时间内，1号店的发展却受到了限制，逐渐从鼎盛走向衰败。之所以会有这样的结果，与其创始人沦为打工者的悲剧息息相关。接下来，我们将通过对1号店股权变化情况的回顾，解读1号店创始人丧失公司控制权的全过程，希望能给创业者一些启示。

2008年，于刚与伙伴刘峻岭用几百万元启动资金创立了1号店，不久后他们获得了2000万元的融资。

2009年，受金融危机影响，投资者放弃电商市场。同年10月，1号店陷入严重的资金危机。困境中的1号店决定与平安集团接洽。

2010年5月，平安出资8000万元购得1号店80%的股权。据说原本平安董事长想要全资收购，但1号店的创始人团队经过讨价还价，保留了20%的股权。

平安董事长看中的是1号店的医药资源，他预想借助1号店的电商渠道推动其健康险的发展，同时将平安药网与平安医网纳入1号店实现渠道整合。但是，随着整合工作的推进，平安发现收购1号店后运营效果低于预期目标。

2011年5月，沃尔玛入股1号店，占股17.7%。2012年10月，沃尔玛在1号店的股权增至51.3%，接替平安成为1号店的大股东。当时有外界传言，沃尔玛增资后，平安集团的控股权达到36.9%，而于刚等管理层的股权降至11.8%。对于这则传言，于刚曾表示："我们占股没有这么少。"

人事变动：1号店原财务副总郭冬东、原人力资源副总梁勇的工作由沃尔玛电子商务成员宋侑文和戴青接任。这时，沃尔玛电商团队已有几十人进入1号店。

2014年，1号店开展大量新业务，如跨境电商、O2O、互联网医药等。在当年的业务发布会上，于刚表示，当年1号店的在线销售产品突破800万种，注册用户接近9000万。

2015年初，以CTO（Chief Technology Officer，首席技术官）韩军为首的老员工相继离开1号店，据传言财务部门已被架空。4月30日，沃尔玛全球总裁兼CEO（Chief Executive Officer，首席执行官）董明伦访问1号店，1号店总裁于刚陪同，破解此前离职传闻。7月14日，1号店创始人于刚、刘峻岭正式离职。

1号店的启示：

平安与沃尔玛，实际上一开始就将目标放到了1号店的控制权上，而这也是1号店的两位创始人所忽略的事实。于刚团队在弹尽粮绝时决定通过融资走出困境，作为投资者的平安集团也有自己的打算，它想通过1号店的医药渠道与资源加快其健康险的发展。于刚团队选择用80%的股权换取平安集团的资金，实质是让出了公司的实际控制权。

在获得资金的同时，于刚团队也由公司掌控者变为失去决策大权的股东。当平安集团发现资源整合未能达到预期目标时，便转让其控制权给沃尔玛。这场博弈从一开始就已经注定1号店是输家。

市场里的投资者一般分为财务投资者与战略投资者两种。风险投资属于典型的财务投资，其目标是以股权投资溢价获取财务收益，不参与公司的经营管理，也不会要求控股被投资机构。

而战略投资的主要目的是加强自身产业链布局。因此，战略投资者会对被投资机构的董事会进行控制，同时深度介入被投资公司的管理。平安与沃尔玛便属于战略投资者。事实上，创始人即便不控股，也能够通过技术手段，例如一致行动人协议、有限合、AB 股计划等控制公司。但是，这些技术手段生效的前提是双方目的一致。比如，平安集团与沃尔玛作为战略投资者，从一开始就是瞄准 1 号店控制权的。

资本与人一样，都具有不同的脾气与性格。创业者融资时，要了解资本背后的性格，拿适合自己的钱。千万别等到羊死了才想起修补羊圈，这样既失去了控制权，又会陷入被动地位。

5.2

警惕股权分配的败局

股权分配一方面能够为公司建立竞争优势，另一方面可以促使公司业绩实现指数级增长。但有些创业者因为缺乏经验，在分配股权时选择了错误的做法，掉入股权陷阱，影响了公司的发展和团队的进步。本节总结了股权分配的三大败局，投资者可以从中吸取教训。

5.2.1　创始人股权过少

著名投资人徐小平曾说："人生有两大悲剧：年轻的时候不懂爱情，创业的时候不懂股权。"公司创始人如果不懂股权，导致自己手里的股权被稀释到一个比较低的水平，那就很容易失去控制权，最终可能不得不离开自己辛辛苦苦成立的公司。

此外，创始人股权过少也会对融资进程造成一定影响。例如，华为公司曾经因为股权太分散而无法顺利获得融资；万科集团因外部势力觊觎，最终使得股权分配出现隐患。

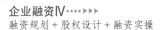

可见，为了更好地管理公司，保证公司正常经营和长远发展，创始人的股权比例不能过低，也不能过高，要保持一个合理的水平。在公司的不同发展阶段，股权分配可能会发生变化，但无论如何，创始人尤其是核心创始人必须持有一定比例的股权。

5.2.2 仅按资入股，忽略其他要素

在分配股权时，很多创业者认为按资入股，即根据出资多少确定股权比例是最合理的。这样的股权分配方案虽然容易操作，但有一定的不合理性。

A、B、C 三位创始人想创立一家公司，需要启动资金 1000 万元。A 投入 500 万元，拥有 50% 的股权；B 投入 300 万元，拥有 30% 的股权；C 投入 200 万元，拥有 20% 的股权。

从表面上看，这样的分配方式非常合理，但没过多久，不合理的情况就出现了。A 不仅投入 500 万元，而且负责公司的日常运营，B 和 C 投入资金后便撒手不管，根本不参与公司具体事务。不过，B 和 C 还是按照出资比例获得了股权，拿到了分红。久而久之，A 的不满情绪越来越强烈。

从出资角度看，三位创始人确实应该按照 5：3：2 的比例分配股权，但从人力角度看，股权的分配不应该只考虑出资，还应该考虑创始人为公司所做的贡献。

对公司来说，人力不仅是一种资源，更是促进公司发展的强大动力，所以在分配股权时，我们的视野不能过于狭窄，要结合各方面因素做出科学合理的决定。

5.2.3 没有设置变量，股权缺少灵活性

随着公司的不断发展，投资者投入要素的价值会发生变化。与此同时，创业者和投资者的股权也会发生变化，有时甚至会出现股权纠纷。为了避免

纠纷，创业者可以尝试设置变量，让股权处在动态变化中。以下 4 种方法可以用来设置变量。

1. 发行限制性股权

限制性股权首先是股权，同时它又是被限制股权，比如，需要投资者分期兑换。而且，如果投资者中途退出，公司可以按照事先约定的价格对股权进行回购。无论公司是否上市，都可以套用限制性股权。

2. 股权分期兑现

根据实际情况，公司可以设置不同的股权兑换机制。如小米公司为了预防短期投机行为，要求投资者入职工作满 2 年能兑换 50% 的股权，满 3 年能兑换 75% 的股权，满 4 年才能兑换 100% 的股权。这种方式保证了投资者至少要在公司工作 2 年，避免了投资者短时间退出给公司带来的不必要损失。

3. 约定回购机制

随着公司的发展，股权的价格也在不断变化，投资者在公司成立初期投入的资金并不是股权真正的价格。因此，公司在为投资者分配股权时必须与投资者约定回购机制，确定一个双方都可以接受的回购价格。这个回购价格往往是公司和投资者双方自行协商的。

4. 做好预期管理

针对各种要素可能会产生的价值浮动做好团队预期管理是很重要的。不论是设置股权兑换的限制条件，还是设置股权回购机制，都是预期管理。这样可以使股权处在动态变化之中，利于后期根据公司的发展进行调整。

在股权分配初期设置这些变量，其实就是为后期各种要素的价值浮动留有一定的调整余地，让投资者最大限度地拿到与他们的贡献相匹配的收益。毕竟一个公司能不能活下来，未来能走多远，是由创业者和投资者的共同努力决定的。

5.2.4　罗辑思维：股权分配为什么出现问题

"罗辑思维"是知识型社群的典型代表，也是一款极具生命力和发展前途的互联网自媒体视频产品，但它所属公司也面临着团队解散的问题。追根究底，就是因为其股权分配不公平。

现在很多人已经将罗振宇与"罗辑思维"等同起来了，认为"罗辑思维"就是他一人创立的。但其实，"罗辑思维"的官方注册资料显示，这是一个合伙创业的公司。

除了罗振宇，"罗辑思维"还有一位股东，那就是申音。而且罗振宇只拥有"罗辑思维"17.65%的股权，申音则拥有82.35%的股权。也就是说，"罗辑思维"的大股东是申音。 这种差距比较悬殊的股权分配方式，使得两人之间的关系更像是老板与员工。

毋庸置疑，不合理的股权分配方式导致两人的权利不平等。同样都是为公司做贡献，两人的付出不相上下，甚至罗振宇的付出可能要比申音更大一些，然而罗振宇从中享受的权利却远远少于申音，这必然会激化两人之间的矛盾。

值得庆幸的是，罗振宇与申音之间最后以较为君子的方式解散，没有出现股权之争。试想，如果他们中的任何一个人对股权分配有关事项提出异议，那么就有可能出现争吵甚至争斗。而这些事情必定会被媒体捕捉到，并暴露于社会公众面前。最终受到影响的必然还是好不容易发展起来的"罗辑思维"。

"罗辑思维"的创业组合形式类似于明星与经纪人。罗振宇原来是中央电视台主持人，他充当了明星的角色，而申音则充当了经纪人的角色。所以，他们两人的合作关系也有一种捆绑的意味在其中。这种捆绑式创业的核心是二者有共同利益，但有时也恰恰正是因为利益问题才导致关系破裂。

尤其是"罗辑思维"还存在股权分配严重不公平的问题，这本身就是"导火索"。因此，股权分配问题必须得到足够的重视，公司要尽可能防止使用不公平的股权分配方案，从而减少股权风险。

5.3

制订股权分配方案的技巧

在运营过程中，创业者和投资者之间的股权分配问题比其他问题更有可能导致公司灭亡，甚至可能会让公司在融资马上成功的情况下失去融资机会。对于创业者而言，懂得如何制订受投资者欢迎的股权分配方案是非常重要的一件事情，本节介绍与之相关的几点技巧。

5.3.1 坚持"同股不同权"

"同股不同权"其实就是在投（融）资界非常受欢迎的 AB 股，即把股权分为 A 股和 B 股，对外发行的 A 股只有 1 票投票权，而管理层持有的 B 股有 N 票投票权。但 B 股一般不能公开交易，若想转让，必须先转换成"一股一票"的 A 股。

AB 股最初盛行于美国。一些互联网公司的创始人把握着公司的新技术命脉，但因公司前期对资本投入需求较大，不得不进行融资。在经历多次融资后，创始人股权势必会被稀释，投资者势必拥有控股权。此时如果依"资本多数决"的原则，投资者可能会代替创始人为公司做出决策。

乔布斯在 1985 年被解除其在苹果公司的经营权、管理权、人事权，就是因为他本人只持有公司 15% 的股权。而在创业初期，苹果创始人乔布斯和沃兹各持股 30%，投资者马库拉持股 30%，硬件工程师霍尔特持股 10%。经过多轮融资稀释，乔布斯仅持股 15%，沃兹仅持股 6.5%，而马库拉持股 11.4%，后因公司业务调整，董事会轻易便让乔布斯被迫递交了辞呈。

高科技公司无论技术多么先进，前期的发展和推广都需要大量资金。而在募集资金的过程中，创始人想保留控制权就必须缩小融资规模，想扩大融资规模就必须牺牲控制权。而 AB 股则完美地解决了这一问题，让控制权和融资规模可以达到平衡。

不同的投票权架构能让持股比例被摊薄的创始人团队仍然掌握对公司的控制权。不会因为股东投资额增大，引起创始人团队在控制权层面的焦虑，有利于保证公司长远利益，对创业团队和投资者都是一种保护。

Google 创始人曾说："B 股可以让他们在不受新投资者压力的情况下追求创新。"我国开始了解 AB 股结构始于百度、京东、阿里巴巴等互联网巨头公司在美国上市。当它们的股权结构被公开时，大众一片哗然，原来这些公司创始人其实持股并不多。他们用如此少的股权控制公司的秘密便是 AB 股。

以京东为例，刘强东所持的 B 类股，1 股拥有 20 票投票权，而其他股东所持的 A 类股票，只有一票投票权，刘强东通过超 80% 的投票权牢牢掌控着公司。如果没有 80% 的投票权，刘强东或许难以力排众议，发展物流和仓储，京东也难有如今的辉煌。可见 AB 股结构非常有利于创始人排除其他股东的干扰，坚定地实现公司的发展蓝图。

5.3.2　以人才和资金为核心

在经济稳定发展的大背景下，越来越多市场机会开始涌现。但面对着不断升级的用户需求和渐趋激烈的业务竞争，公司需要有人才、资金等外部力量的帮助才更容易脱颖而出。因此，在进行股权分配时，外部力量的重要性不可忽视。

1. 人才核心

现在是一个充满未知性的时代，技术的出现让之前一些不可能的事情变得可能。我们可以看到，很多行业中都有破局者和颠覆者，他们通过技术或商业模式创新，不断推进市场前沿。对于公司来说，这些破局者和颠覆者才是真正的宝藏，他们可以对行业发展趋势和市场变化做出快速反应，并制定解决方案。

如今不少公司都希望尽快完成转型升级，实现组织的平台化和生态化。

这背后隐藏的实质是人才概念，即只有实现人才的不断更替，才会更好地促进公司发展，才可以催生更有价值的商业模式。因此，在进行股权分配时，创业者有必要关注人才、服务人才，以人才为核心。

"单打独斗"的模式已经越来越不适用于创新领域，取而代之的是"赚大钱需要依靠团队"的模式。对于公司来说，基于人才的股权分配是一次深刻变革。合理的股权分配方案应该是灵活且公平的，同时也需要一定的策略来搭建并培养优秀、成熟且稳定的团队。

例如，通过不断稀释老股东的股权，公司可以给予员工与其能力相对应的优先认股权（stock option），即期权。但这些期权最好在一定时间内（一般为 3 ～ 4 年）分批次授予员工。而且，考虑到公司未来发展对股权产生的可能影响，也有投资者在投资前就会要求公司先预留一定比例的股权作为期权池（stock option pool），否则就拒绝投资。这样可以很好地避免公司因为扩大规模、吸引人才而过度稀释投资者的股权，从而保护投资者的利益。

2. 资金核心

在注册和建立公司过程中，资金起到了很大作用。而且，在公司后期运作过程中，资金也是必不可少的因素之一。虽然资金很重要，但如果只按照出资额来进行股权分配，很可能会影响结果的公平公正性。当然，我们也不能完全忽略资金这个关键点。

相对于技术、经验等无形资源而言，资金是实实在在的、非常容易量化的资源。要想合理分配公司股权，不妨将投资者的技术及其他因素折算成资金。当然，这样做的目的并非推行平均主义。要知道，在实际合作时难免会出现一些问题。如果没有一个承担主要责任的人，那么公司的很多重要决策将无法得到肯定和实施。

也就是说，在公司中，应该有一个人占据较多股权，承担较大责任，这是公司获得长足发展的保证。美国的创业者就十分重视股权分配，他们会在公司注册前商定一套合理且完善的股权分配方案，包括按照何种标准分配股权，以及除资金以外的其他因素如何折算为股权，甚至还包括公司主要决策者如何选择和实施决策权等内容。

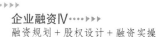
5.3.3　创始人应该获得相对多的股权

创始人通常是为公司承担风险的人，在公司占据主导地位。为了充分保护其利益，创始人的股权占比通常应该相对较多。下面通过一个案例对此进行说明。

在项目实施过程中，营销总监李小宁离职，并创立了一家同类型公司，创始人刘鹏发现后，将杨刚、陈东召集在一起商量对策。刘鹏认为，为了后期避免受到竞争对手的影响，融资时间应该提前。杨刚、陈东则提出了反对意见，他们认为即使同类型公司出现，也不一定有实力与自己的公司正面竞争。

由于刘鹏的股权只占 48%，最终他只能接受杨刚、陈东的意见。此后两个月，越来越多的信息证实，李小宁已经拿到大额融资，并在大量招募员工。在与另两人商量无果的情况下，刘鹏提出了愿意以 5 倍价格从杨刚、陈东手里购买股权。

陈东当时急于用钱，出让了自己 10% 的股权。至此，刘鹏、杨刚、陈东的股权比例变为 58%、34%、8%。拥有 58% 股权的刘鹏立即召开股东会，通过了立即融资的决定。

由此可见，创始人拥有的股权越多，越有利于其快速做出决策，避免贻误时机。

(5.4)

何时需要调整股权分配方案

任何公司都可能出现诸如增资扩股、股东的贡献发生变化、原投资者退出、新投资者加入等浮动事件，这就意味着，股权分配方案不应该是一成不变的。

随着浮动事件的出现，公司之前的股权分配方案要发生改变，以便更好地维护各方利益。

5.4.1 近期想增资扩股

增资扩股需要公司对外发行股票，吸引新的投资者进入公司，或原投资者提高投资额，以便进一步拓展业务。完成增资扩股后，公司的注册资本会发生变化，投资者的收益需要重新分配，公司也要重新设计股权分配方案。那么，公司应该如何分配原投资者的股权，才能让新投资者和原投资者的股权保持平衡呢？下面通过一个案例来讲述这个问题。

A、B、C 三人共同创立了一个公司，公司注册资本 300 万元，A、B、C 三人各出资 100 万元。一年后，因为要扩大经营规模，公司希望 A、B、C 三位投资者可以增资到 1000 万元，A、B 表示愿意追加投资，但 C 不愿意追加投资。

这时候就需要公司重新计算这三个人各自所占的股权。A 和 B 继续追加投资所占的股权会因此变多，而 C 不再继续投资，那么 C 原有的股权就会被稀释，从而减少。

根据《公司法》第三十四条的规定："公司新增资本时，股东有权优先按照实缴的出资比例认缴出资，但是，全体股东约定不按出资比例优先认缴出资的除外。"因此，根据规定，公司在增资时候，可以按出资比例或全体股东约定来调整股权分配。

在上述案例中，公司可以召开股东会就增资事宜进行约定，如 C 仍不愿意追加投资，应视为 C 放弃增资优先权，A、B 愿意增资，则 A、B 可根据原先的出资比例，按 1 : 1 的比例增资，即 A、B 各增资 350 万元。

增资后，公司注册资本变更为 1000 万元，其中 A 出资 450 万元，B 出资 450 万元，C 出资 100 万元，重新计算后得出，A 占股 45%，B 占股 45%，C 占股 10%。

5.4.2　股东的贡献出现变化

在创业初期，股东的一些贡献可能会产生巨大价值，而随着公司的进一步发展，这些贡献对公司的价值会逐渐减小，而另一部分贡献对公司的价值又会逐渐升高。

例如，公司成立初期，资金是重中之重，股东为公司投入的资金常会被翻倍估值，计入股权分配比例。到了发展后期，公司的营收状况趋于平稳，资金问题已不似初期那样棘手。此时公司需要扩大经营规模、开发核心技术、营造品牌效应，能够为之做出贡献的股东就应该获得更多股权，否则他们很可能因为股权分配不公平而产生不满情绪，进而影响公司发展。

A、B、C 三人合开了一家网上商城，A 和 B 分别投资 60 万元和 40 万元，C 则因为有电商工作经验和网页设计才能以技术股东身份入股。成立初期，三人按投入的资金来分配股权，A 占股 60%，B 占股 40%，C 不占股只拿绩效奖金。

一年后，网上商城运转良好，而且获得了很好的业绩，想要维持现有经营水准并希望拓展业务领域，而这些都需要 C 在管理和技术上的支持。经 A 和 B 讨论，决定给 C10% 的股权奖励，新的股权分配方案如下：

A 的股权 60%×（1-10%）=54%

B 的股权 40%×（1-10%）=36%

C 的股权 10%

以上案例中，因公司后期发展对于技术和管理的进一步需要，C 的贡献比例明显加大，为了留住 C，公司将 10% 的股权分配给了 C。

5.4.3　原投资者退出

投资者追求的是高回报，这种高回报通常会在"投资—退出—再投资"的循环中实现。因此，在融资过程中，除了有新投资者加入公司以外，还会有原投资者退出公司。那么，这些退出的投资者的股权应该如何处理呢？不少公司对此没有一个明确的处理方案，没有建立完善的投资者退出机制，结果出现投资者与公司"兵戎相见"的局面。

某个投资者在公司成立初期出资50万元，拥有公司30%的股权。后来，该投资者因为个人原因，要从公司离职，却不同意退股，理由是《公司法》和公司章程都没有规定股东离职必须退股，股东之间也没就退出机制签署过任何协议。

而其他投资者则认为，该投资者不退回股权是不合理的。因为该投资者离职后，不会再参与公司后续的任何经营，也不会再为公司贡献其他价值，却拥有30%的股权，这样无形之间就损害了其他投资者的利益，使他们原本可以获得的分成变少。但由于事先没有建立投资者的退出机制，公司一时也没有办法购回退出投资者的股权。

在这个案例中，这家公司明显陷入比较被动的境地。投资者获取股权，是基于其看好公司的发展前景，愿意在一起创造更多的价值。

股权的核心价值在于投资者与公司长期绑定，通过共同努力去创造更大的利益。随着公司经营效益变好，股权价格也会上涨。此时如果不建立退出机制，中途退出的投资者带走股权就是合理合法的，这样做虽然对退出投资者公平，但对其他长期参与公司经营的投资者却很不公平。

所以，针对投资者可能退出的情形，提前建立预警性的退出机制是非常有必要的。在公司成立初期，投资者与创业者应该就退出机制进行充分沟通，做好预期管理。此外，在回购退出投资者的股权时，创业者应遵循两个原则。

1. 承认投资者的贡献

投资者虽然退出了公司的经营，但其曾经在公司发展的某个阶段做出的重要贡献是无法抹去的。公司可以收回其全部或部分股权，但也必须承认其的历史贡献，通常的做法是按照一定溢价或折价回购股权。这一点不仅关乎投资者能否顺利退出，也与公司形象的塑造有关。

2.回购价格的确定

确定退出投资者的股权回购价格要考虑两个因素，一是退出价格基数，二是溢价或折价倍数。比如，公司可以参照退出投资者出资购买股权的价格，并以一定溢价回购，或按照退出投资者可分配到的净资产或净利润的一定溢价回购，也可以按照公司最新一轮融资估值的一定折扣价回购。

公司不能只按出资多少来分配股权，而应该遵循"贡献大者回报多"的原则综合考量投资者的贡献。另外，公司也要根据可能发生的变动因素做好预案，以便能够及时、合理地修改股权分配方案。

5.4.4 新投资者加入公司

公司如果发展到一定规模，或有极具发展潜力的项目，那一定会有新的投资者加入。在加入公司时，这些投资者可以选择以下两种方式。

1.从原投资者手中取得部分或全部股权

在原投资者全体同意后，新投资者从一个或几个投资者手中购买一部分或全部股权。这种入伙方式，公司原有资本总额和净资产不会发生改变，只需要计算部分投资者的股权变化即可，无需调整资产和负债重新计算估值。

2.投入资本

在原投资者全体同意后，新投资者向公司投入银行存款或其他资产，加入公司，使得公司的资产和权益均有所增加。由于公司之前已经营过一段时间，各项资产的实际价值已经有所变动。为避免分配不均，新投资者加入时，公司需对之前的资产、负债进行确认和评估，通常评估的结果有以下 3 种。

（1）公司之前的净资产账面价值等于其公允价值。

（2）公司之前的净资产账面价值小于其公允价值，说明公司的资产在升值。

（3）公司之前的净资产账面价值大于其公允价值，说明公司的资产在贬值。

由于创投关系本质上要求双方之间相互信赖，它不单是资金的联合，也是人的联合。原有投资者对新加入的投资者并不了解，很容易缺乏信任感，导致在日后合作中出现各种矛盾，所以公司要制定一套合理的新投资者入伙程序，以确保各方利益不受损失。

（1）新投资者加入，除融资合同另有约定外，应当经全体原投资者一致同意，并依法订立书面协议。

（2）订立书面协议时，原投资者应当向新投资者如实告知公司的经营状况和财务状况。

（3）新投资者与原投资者享有同等权利，承担同等责任。融资合同另有约定的，从其约定。

（4）新投资者对公司的债务承担无限连带责任。

以上 4 条入伙程序不仅符合法律要求，也保证了新投资者与原投资者的利益不受损害。

章末总结

1. 有些创业者失败的原因大多与利益分配矛盾有关。利益分配的背后是股权分配，正如笔者强调的那样：不懂股权就敢融资，无异于闭着眼睛奔跑，稍不留神就会摔倒。所以在融资前，创业者首先要把股权问题弄明白。

2. 股权分配对于创业者来说是必须面临的问题。而且，这个问题如果从一开始就没有得到解决，那么很可能会为后续的融资埋下隐患。

3. 股权分配的关键在于让股东从心底感觉到回报是合理、公平、公正的，进而忽略自己持有的股权，集中精力将公司做大、做强、做好。

4. 创始人只有少量股权、仅按资入股、没有为股权设置变量，这些都是股权分配的败局，大家要"打起十二分精神"，高度警惕，避免出现这些败局。

5. 任何公司都要有一个能够"拍板"的决策者，这样才能让公司朝着正确的方向发展，激发团队的信心和动力，齐心协力创造更好的明天。

6.股东之间的股权分配虽然没有必须遵守的规则，但最好建立在以价值为导向的基础上，目的是明晰股东的权利、责任、利益。

7.股权比例不是一成不变的，创业者应该在初创阶段就有意识地为后期的股权变更留出余地，以便随时调整股权分配方案。

8.股权分配没有固定、普遍适用的方法，需要创业者在分析股东、团队、公司实际情况后确定。当然，创业者也可以参考其他公司的股权分配策略。

第6章

控制权问题：把握绝对优势地位

很多时候，一家公司可以发展多好，取决于全体员工，尤其是董事长、CEO 等领导者的能力。一家公司可以发展多久，则取决于顶层架构设计，而控制权就是这个顶层架构的重要组成部分。因此，创业者必须重视控制权问题，确保自己在公司中的优势地位。

6.1

那些年失去控制权的企业家

开公司的目的是赚钱。为了赚钱，一些创业者不断引入投资者，用自己的股权为公司换取更多资金。然而由于他们太急于求成，或者没有量力而行，盲目扩大公司规模，导致没有守住自己一手打下的江山，失去了对公司的控制权。

6.1.1　王志东：新浪上市以后被赶出董事会

王志东曾被誉为程序员鼻祖。在他的带领下，新浪成功上市。但后来，因为股权稀释问题，他被赶出董事会，不得不黯淡离场。

1991 年，王志东还是方正公司的一员。他凭借自己的努力，打造了国内第一个实用化 windows3.0 中文环境。没过多久，他离开方正，创立了一家新公司，用于推广中文之星。中文之星获得盈利后，他和其他股东在管理策略和发展方向上产生分歧。无奈退出公司，甚至还将中文之星的源代码留在了公司。

这次失败对于王志东来说是一个很大的打击。好在中文之星的成功让他在科技界声名鹊起，王志东收到了四通首席工程师王缉志抛来的橄榄枝。就这样，二人拿着一笔钱，创立了新浪的前身——四通利方信息技术有限公司。

随着公司的发展和产品研发工作的推进，王志东和王缉志用尽了手里的钱，公司面临严重的资金危机。在经历多次路演后，公司成功获得华登投资机构的投资，投资额为 650 万美元。四通利方拿出 10% 的股权分配给管理层，但王志东提出不参与此次股权分配，结果他手里本来持有的 20% 股权被稀释到 13%。

1998 年 10 月，估值 3000 万美元的四方利通与估值 2000 万美元的华渊合并，王志东为新公司取名新浪，由姜丰年担任董事、王志东担任总裁。后来新浪进行了两轮融资，王志东的股权被稀释到不足 6%。

与此同时，新浪的估值迅速上涨，王志东虽然股权比较少，但获得了不错的收益，他对自己股权被稀释这一问题不以为意。经过不断发展，新浪在互联网行业的翘楚地位逐渐稳定，于 1999 年开始筹划在纳斯达克股市上市的相关事宜。

当时，纳斯达克股市正遭受巨大动荡，微软、英特尔等科技巨头的市值大幅降低，但新浪的市值却有所提升。但是好景不长，2001 年，新浪的股价跌到 1 美元 / 股，市值也降低了很多，这也成为王志东被赶出董事会的重要导火索。同年 6 月，董事会决定撤销王志东新浪总裁职位，同时免去他的董事资格。至此，王志东被迫离开新浪。

这个案例告诉我们，身为一个管理者，除了要在业务和管理上具备敏感性以外，还要掌握一定的股权。很遗憾，王志东没有重视股权，导致自己的股权一次又一次被稀释，最终没有逃脱被新浪赶出董事会，无奈出局的宿命。

6.1.2　庄辰超：不敌百度，被迫出走

携程是在线旅行服务领域的先行者，而去哪儿网则是该领域的后起之秀。在看到携程的成功后，庄辰超抓住机会，与自己的朋友们创办了去哪儿网。同年，携程的创始人梁建章认为携程发展得已经足够成熟，便辞去了 CEO 的职位，选择到美国学习博士课程。

庄辰超抓住梁建章远赴美国、携程管理受限的机会，大力发展去哪儿网。通过几年的努力，去哪儿网超过携程，单月访问次数不断增加，并于 2013 年在纳斯达克股市顺利上市，市值高达 50 亿美元。这让庄辰超十分开心。

为了与去哪儿网竞争，梁建章再次担任携程 CEO，同时决定采取价格战策略。该策略耗资巨大，去哪儿网不得不进行融资，最后百度以 3.06 亿美元的投资额获得去哪儿网 62% 的股权。此时，庄辰超手里的股权只剩下 7%。

梁建章为了巩固携程的龙头地位，打算收购去哪儿网，但被庄辰超以"我不认可携程的理念"为由拒绝了。即使被拒绝，梁建章还是没有放弃，便绕开庄辰超，直接与百度谈判。百度本来就不想让去哪儿网继续烧钱，正好现在梁建章有收购意愿，自然非常愿意。

2015 年 10 月，携程与百度达成交易，双方置换股权，这样携程就相当于获得了去哪儿网大约 45% 的总投票权。这个交易是私下达成的，直到对外宣布的前几天，庄辰超才得知消息。最终，庄辰超拿着股权置换得来的一笔资金，被迫离开了自己创办的公司。

2017 年 3 月 1 日，去哪儿网正式完成私有化，从纳斯达克股市退市。这家曾经与携程抗衡的传奇公司遗憾落幕。

6.1.3　张兰：遗憾失去一手打造的俏江南

海底捞作为一个知名火锅品牌，其市值已经高达上千亿港元。不少公司在学习海底捞的运营模式，由张兰一手打造的俏江南就是其中一个典型案例。

在张兰的运营下，俏江南确实"火了"一段时间，甚至在 2008 年北京奥运会期间被选定为官方推荐的中餐馆。2009 年，张兰以 25 亿元身价登上胡润中餐饮企业家榜单，并宣布自己将继续扩大俏江南的商业版图，在国内开设更多分店。

2010 年，张兰为了让俏江南顺利上市，选择与鼎晖资本（以下简称鼎晖）合作，接受了鼎晖 2 亿元投资。鼎晖获得了俏江南 10.53% 的股权，双方签署了回购权条款。该条款规定，如果不是鼎晖方面的原因，导致俏江南无法在约定时间内上市，那么鼎晖有权以回购股权的方式退出俏江南。

之后，俏江南遇到了经营危机，上市进程受阻，但张兰拿不出足够的资金回购鼎晖所持股权。在这种情况下，作为投资者的鼎晖是不是就无计可施了呢？当然不是。鼎晖使用了自己手里的另一个工具——领售权条款。

当时俏江南与鼎晖在融资合同中加入了领售权条款。所以，张兰虽然没有能力回购鼎晖的股权，但如果鼎晖执意出售俏江南，她也无可奈何，因为她没有权利不执行该条款。结果鼎晖找到欧洲一家非常知名的私募股权基金CVC，希望其收购股权。

鼎晖虽然只有俏江南 10.53% 的股权，但在领售权条款的保护下，只要其同意将俏江南出售给 CVC，那么张兰就必须跟随出售其所持俏江南 72.17% 的股权。由此可见，领售权条款威力巨大，创业者在与投资者签署该条款时还是要谨慎一些。

另外，随着领售权条款的触发，张兰出售的股权比例远远超过了 50%，实质上已经发生了控制权变更，这就触发了另一个条款——优先清算权条款。也就是说，通过出售俏江南获得的收益不能完全归属于张兰，而是需要优先保证鼎晖有一定比例的收益。

2015 年 3 月，法院仲裁冻结张兰的全部财产；同年 7 月，张兰被迫离开俏江南，彻底丧失了对俏江南的话语权和管理权。而这一年，距离俏江南成立的 2000 年正好是 15 年。也就是说，张兰仅仅在俏江南待了 15 年时间，令人惋惜。

6.1.4 李国庆："夺章"风波下的控制权界定

李国庆和俞渝本来是一对恩爱夫妻，但因为"夺章"风波闹得不可开交，甚至被推上微博热搜。在这个事件的背后，隐藏着非常典型的控制权问题。

2020 年 4 月，李国庆带着一批人强行闯入当当网总部，取走了多枚公章，留下了自己提前准备好的"收据"，并在公司张贴了《告当当网全体员工书》。这一系列操作，只用了大约 15 分钟。那么，原本是当当网创始人及第一大股东的李国庆，是如何被一步步逐出当当，而且需要通过如此不妥当的行径来争夺控制权呢？

2016 年，李国庆和俞渝都认为当当网的股价被严重低估，而且市值太低，

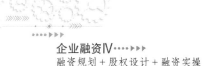

便决定把当当网私有化。所谓私有化，就是二人用自己的资金将当当网发行在外的股权全部收回来，然后让当当网退市。

在私有化过程中，二人的股权重新分配，李国庆和俞渝的股权分别变成50%和50%。后来没过多久，俞渝向李国庆要求每人拿出一半左右的股权分配给儿子。也就是说，二人的股权将分别变成25%左右。

然而，两周后，俞渝又要求李国庆先给儿子一部分股权，而她那部分股权就先放在自己手里，暂时替儿子保管。至此，当当网的股权比例变成了这样：俞渝占64.20%、李国庆占27.51%，其他股东占8.29%（因为他们的儿子是美国国籍，但若他们儿子本人持股的话不方便当当网进行资本运作，所以李国庆给儿子的那部分股权，其实也转到了俞渝名下）。

经过此次股权变动，俞渝代替李国庆成为当当网第一大股东，李国庆则成为第二股东。此次股权变动为李国庆离开当当网埋下了伏笔。

2018年1月，天海投资（以下简称天海）打算收购当当网。对于此次收购，俞渝和其他股东都是同意的，但李国庆持反对意见。在李国庆看来，天海只是想借助此次收购提升自己的股价。李国庆非常看好当当网的未来，不舍得将其出售。

但因为俞渝是第一大股东，对当当网有决策权，所以李国庆再不舍得也只能同意天海收购当当网。但因为天海拿不出足够的收购资金，当当网没有卖出去。此时，李国庆和俞渝的分歧也变得越来越大。

2018年12月，李国庆在微博上发布不当言论，遭到网友批评，有些网友甚至认为李国庆的价值观有问题。俞渝对李国庆的行为很不满，认为这已经严重影响了当当网的品牌形象。于是，当当网发布了一条官方微博，表示李国庆已经离职，其言论与当当网无关。这条微博代表着李国庆与俞渝的正式决裂。

经历以上三步，李国庆离开了自己创立的当当网，他的离开给了创业者一些启发：在不断引进投资者、扩大公司规模的过程中，保障自己对公司的控制权非常重要。

关于控制权的关键点

有控制权就意味着创业者对公司的一切重大事项有决策权，它犹如汽车的方向盘，只有把方向盘握在手里，司机才能指挥汽车向自己想去的方向行驶。本节罗列了关于控制权的 7 个关键点，以帮助创业者获得控制权。

6.2.1 大于67%：完全绝对控制权

与"50%+50%"的均分式股权结构相比，"51%+49%"的股权结构虽然能凸显股东的主次地位，但在一定程度上还是存在控制权问题。即使一个创始人拥有 51% 的股权，也不能完全控制公司。因为随着公司增资扩股，创始人的股权会逐渐被稀释。在这种情况下，如果公司章程没有另外约定，创始人终有一日会失去对公司的控制权。

那么，拥有多少股权才能绝对控制公司呢？答案是 67%。

67% 代表了持股者有超过 2/3 的投票权，即只要公司章程没有特殊规定，持股 67% 便能对修改公司章程、公司分立、公司合并、变更主营项目等进行决策。这是创始人的最佳生命线，适用于有限责任公司、股份有限公司。

6.2.2 51%～67%：相对控制权

持股 51% 所拥有的控制权被称为"相对控制权"，意味着创始人有超半数的投票权。只要公司章程没有特殊规定，在按照出资比例行使表决权的情况下，创始人可以主导一些简单事项的决策，如聘请独立董事，选举董事、董事长，聘请审议机构，聘请会计师事务所，聘请/解聘总经理等。即使后期公司要上市，经过 2～3 次融资稀释后，创始人还是可以控制公司的。这是创始人

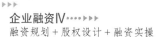

退而求其次的生命线，适用于股份有限公司，有限公司可自行约定。

但创始人需要记住，拥有51%的股权，未达到67%，除非公司章程有其他约定，否则有7个事项是创始人无法独立决策的，分别是增加注册资本、减少注册资本、修改公司章程、公司分立、公司合并、公司解散、变更公司形式。

6.2.3　34%～51%：拥有否决权

34%被视为"安全控制线"。当创始人拥有34%以上的股权时，其他股东就不能达成2/3的投票率，这样就算创始人没有绝对控制权，也拥有一票否决权。但是，一票否决权只能用于关系到公司生死存亡的重大决策，如果只是简单事宜，则创始人没有一票否决权。这是初创公司创始人的安全生命线，适用于有限公司、股份有限公司。

小赵、小王、小张合伙创立了一家公司，注册资本为100万元。三人本想各占1/3股权，但在工商登记时，因必须填写各自的股权比例，分别占1/3的股权比例不便于登记。于是，小张提议由他出资34万元，占股34%；小赵和小王各出资33万元，分别占股33%。小赵和小王觉得这样便于登记，便同意了小张的提议，公司顺利成立。

公司经营几年后，小赵和小王觉得自己和小张的经营理念不同，便想换掉时任董事长的小张。然而，他们发现，更换董事长必须修改公司章程，而按《公司法》第四十三条第二款的规定："股东会会议作出修改公司章程、增加或者减少注册资本的决议，以及公司合并、分立、解散或者变更公司形式的决议，必须经代表三分之二以上表决权的股东通过。"，只要小张不同意修改公司章程，就永远无法更换董事长。

从上述案例可以看出，持股34%的股东可以对公司决议产生的影响。因此，创始人不要忽视34%这条安全控制线，有时在紧要关头，这条线很可能会发挥非常重要的作用。

6.2.4 小于30%：拥有参股、分红的资格

30%被称为"上市公司要约收购线"，顾名思义，这条线通常只适用于特定条件下的上市公司股权收购。根据《中华人民共和国证券法》（以下简称《证券法》）的规定，通过证券交易所的证券交易，收购人持有一个上市公司的股权达到该公司已发行股权的30%时，如果想继续增持股权的，则应当采取要约方式进行，发出全面要约或者部分要约。

收购上市公司分为协议收购和要约收购。要约收购与协议收购相比，需要经过更多环节，操作程序更繁杂，收购方要付出的收购成本也更高。创业者要注意这一点。

6.2.5 20%～33%：重大同业竞争警示

同业竞争指的是上市公司所从事的业务与其控股股东所控制的其他公司的业务相同或近似，双方可能构成直接或间接的竞争关系。一般认为，如果一家股份有限公司持有其他公司20%以上股权，或可以对其他公司的经营决策施以重大影响，就会出现重大同业竞争警示线。

持股20%没有确切的法律依据，但根据行业默认规则，在一家公司持股超过20%的股东，不能在同行业其他公司工作或任职，因为双方构成或者可能构成直接或间接的竞业关系。本条生命线适用于上市的股份有限公司。

6.2.6 小于5%：重大股权变动警示

《证券法》第八十条规定：

发生可能对上市公司、股票在国务院批准的其他全国性证券交易场所交易的公司的股票交易价格产生较大影响的重大事件，投资者尚未得知时，公司应当立即将有关该重大事件的情况向国务院证券监督管理机构和证券交易场所报送临时报告，并予公告，说明事件的起因、目前的状态和可能产生的法律后果。

前款所称重大事件包括：

（一）公司的经营方针和经营范围的重大变化；

（二）公司的重大投资行为，公司在 1 年内购买、出售重大资产超过公司资产总额 30%，或者公司营业用主要资产的抵押、质押、出售或者报废一次超过该资产的 30%；

（三）公司订立重要合同、提供重大担保或者从事关联交易，可能对公司的资产、负债、权益和经营成果产生重要影响；

（四）公司发生重大债务和未能清偿到期重大债务的违约情况；

（五）公司发生重大亏损或者重大损失；

（六）公司生产经营的外部条件发生的重大变化；

（七）公司的董事、1/3 以上监事或者经理发生变动，董事长或者经理无法履行职责；

（八）持有公司 5% 以上股权的股东或者实际控制人持有股权或者控制公司的情况发生较大变化，公司的实际控制人及其控制的其他公司从事与公司相同或者相似业务的情况发生较大变化；

（九）公司分配股利、增资的计划，公司股权结构的重要变化，公司减资、合并、分立、解散及申请破产的决定，或者依法进入破产程序、被责令关闭；

（十）涉及公司的重大诉讼、仲裁，股东大会、董事会决议被依法撤销或者宣告无效；

（十一）公司涉嫌犯罪被依法立案调查，公司的控股股东、实际控制人、董事、监事、高级管理人员涉嫌犯罪被依法采取强制措施；

（十二）国务院证券监督管理机构规定的其他事项。

公司的控股股东或者实际控制人对重大事件的发生、进展产生较大影响的，应当及时将其知悉的有关情况书面告知公司，并配合公司履行信息披露义务。

因此，持有一个公司 5% 以上股权的股东或者实际控制人，其所持该上市公司已发行的股权比例每增加或者减少 5%，应当依照规定进行报告和公告，披露权益变动书。

6.2.7 3%～5%：拥有临时提案权

《公司法》第一百零二条第二款规定："单独或者合计持有公司 3% 以上股权的股东，可以在股东大会召开 10 日前提出临时提案并书面提交董事会；董事会应当在收到提案后 2 日内通知其他股东，并将该临时提案提交股东大会审议。临时提案的内容应当属于股东大会职权范围，并有明确议题和具体决议事项。"

因此，单独或者合计持有公司 3% 以上股权的股东，拥有临时提案权，这能有效保障小股东的权益。本条生命线适用于股份有限公司，不适用于有限责任公司，因为有限责任公司兼具资合性和人合性，没有复杂的程序性规定。

6.3
如何牢牢地把握控制权

在公司发展过程中，创业者的控制权一定不能丢，因为公司必须有一个可以拍板的领导，从而更好地把握公司的发展方向和经营战略，进一步激发团队的信心和动力。

6.3.1 通过董事会控制公司

对于公司来说，最重要的机构可能就是董事会了，因为公司的绝大多数决策必须由董事会批准才可以执行。而且，与公司日常运营和发展息息相关的管理层，如 CEO、总经理、副总经理等都是由董事会任命的。可以说，创始人控制了董事会，就相当于控制了公司。

董事会的构成具有阶段性和多样性，而初创公司则需要根据公司的特性参照不同发展阶段的标准方法。一般而言，公司董事会的席位会设置为奇数，

这样可以避免投票出现平局的情况。一个初创公司的董事会包含创始人席位、投资者席位和一个独立席位，独立席位的董事要具备强大的行业相关能力和高效的社交资源，但一般与公司无直接利益关系，所以独立董事席位在这里主要发挥打破平局的作用。

随着公司的发展，创始人的股权不断被稀释，其所持有的股权越来越少，如何掌握公司的控制权则成了重要的问题。如果创始人不能处理好董事会席位与权限的掌控地位，则很有可能被自己培养起来的董事会免职。

2017年，Facebook创始人扎克伯格被部分股东要求退出董事会。董事会担心扎克伯格带领公司走上他自己认为正确的道路，却忽视公司的其他部分。股东们也认为这极有可能会损害其他股东的利益，希望能有一位真正为股东利益着想的CEO。

与Facebook相反的案例是京东。刘强东作为京东的掌舵人，在股权比例仅有15.5%的情况下，不仅掌握了全公司79.5%的控制权，在董事会也拥有绝对的控制权，因为京东董事会九个席位，刘强东就占有五个席位。当董事会进行决策投票时，刘强东一个人就占据了超过半数的投票权。

创始人掌握公司的大比例控制权可以保证其绝对的控制地位，但同时容易让公司走向一言堂的方向。例如，Facebook部分股东的担心并非无的放矢；刘强东的绝对控制也让京东没有了他连股东大会都开不起来。所以，创始人在掌权的同时还要合理放权，让公司在求同存异中向前发展。

6.3.2　设计法人持股方案

法人是公司的代表人物，一般由总经理或董事长担任。虽然现行法律没有规定法人必须持股，但如果公司有法人持股方案，那就可以在一定程度上维护创始人的控制权。

法人持股是指公司法人以其依法可支配的资产购买公司的股权，或具有法人资格的事业单位与社会团体以其依法用于经营的资产购买公司的股权。创业者通过法人持股增加其在公司的控制权已经成为常态。法人持股的股权类型分为以下 2 种。

1. 按股东权利划分：普通股、优先股

普通股是最常见、最基本的股权形式，其持有者享有经营决策参与权、优先认股权与剩余资产分配权等权利。普通股持有者在公司盈利与剩余财产的分配顺序上次于债权人和优先股股东。

优先股的股东享有一些优先权利，主要表现在两个方面：一个方面是优先股有固定的股息，且可以在普通股股东领取股息之前领取；另一个方面是公司破产时，优先股股东可以在普通股股东之前领取剩余财产。但优先股通常不参加公司的红利分配，其股权人无表决权，无法借助表决权参加公司日常经营管理。

2. 按股权的流通性划分：流通股、非流通股

流通股可以在二级市场自由流通、转让。它主要包括 A 股、B 股、法人股及境外上市股。非流通股无法在二级市场自由流通、转让。

6.3.3 签署一致行动人协议

一致行动人协议，是指在公司没有控股股东或实际控制人的情况下，由创始人和多个股东共同签署的协议。该协议可以增加创始人的表决权数量，使创始人对公司拥有一定的控制权。在投资者为公司投资前，创始人就可以签署一致行动人协议。

签署了一致行动人协议后，创始人就相当于在股东大会之外又建立了一个由部分股东组成的"小股东会"。每次在讨论某一事项时，"小股东会"会事先给出一个结果作为唯一对外的意见，用以决定这一事项是否进行。如果有人做出相反的决定，或者违背一致行动人协议，其他签约人有权在法律允许的范围内根据具体内容对其实施惩罚。

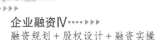
2022 年 1 月 10 日，陕西某电器公司创始人与其他股东签署了一致行动人协议，至此，这位创始人与其他股东共同持有 5321.247 万股，占公司总股权的 22.56%。他们签署的一致行动人协议主要包含一致提案和一致投票行动，而双方作为公司的股东所享有的其他股票处置权、分红权、查询权等权利则不受影响。

下面为大家整理了一份一致行动人协议范本，供大家参考。

一致行动人协议

甲方：（身份证号码： 　　　　　　　　）

乙方：（身份证号码： 　　　　　　　　）

丙方：（身份证号码： 　　　　　　　　）

丁方：（身份证号码： 　　　　　　　　）

以下称为"各方"

鉴于：

（1）甲方为＿＿＿＿＿＿股份有限公司（以下简称"A 公司"）的股东，占股＿＿＿＿＿＿%；乙方为 A 公司的股东，占股＿＿＿＿＿＿%；丙方为 A 公司的股东，占股＿＿＿＿＿＿%；丁方为 A 公司的股东，占股＿＿＿＿＿＿%。

（2）为保障公司得到稳定发展，减少公司因意见不合而浪费的时间、经济资源，提高公司经营、决策的效率，各方协商在公司股东大会中采取"一致行动"，从而达到高效控制公司的目的。

为此，各方经友好协商，针对"一致行动"事宜进一步明确以下条款：

1."一致行动"的目的

各方将在公司股东大会会议中行使表决权时保持目标一致、行为一致，以达成保障各方在公司中的控制地位的目的。

2."一致行动"的内容

各方在公司股东大会会议中保持的"一致行动"，是指各方在公司股东大会中行使下列表决权时保持行为一致：

（1）提案保持一致；

（2）投票表决决定公司的经营企划和合伙人方案保持一致；

（3）投票表决制订公司的年度财务预算方案、决算方案保持一致；

（4）投票表决制订公司的利润分配方案与弥补亏损方案保持一致；

（5）投票表决制订公司增加或减少注册资本的方案以及发行公司债券的方案保持一致；

（6）投票表决聘任或解聘公司经理，并根据经理的提名，聘任或解聘公司副经理、财务负责人，决定其报酬事项保持一致；

（7）投票表决决定公司内部管理机构的设置保持一致；

（8）投票表决制定公司的基本管理制度保持一致；

（9）假如各方中任意一方无法参加股东大会会议，须委托另一方参加会议并代为行使投票表决权；若各方均无法参加股东大会会议，则需共同委托他人参加会议并代为行使投票表决权；

（10）行使在股东大会中的其他职权时保持一致。

3."一致行动"的延伸

（1）若协议内部各方意见无法统一，各方则依据____方的意向行使表决权；

（2）协议各方承诺，若某一方将自己所持本公司的全部或者部分股权对外转让，则受让方需要同意继承本协议所协商的义务，并与其余各方重新签署本协议，股权转让方能生效；

（3）如果任何一方违反其做出的以上任意一条承诺，则必须按照其他守约方的要求将其全部的权利与义务转让给其他守约各方中的一方、两方或多方，各守约方也可以一直要求将违约方的全部权利和义务转让给指定的协议外第三方。

4."一致行动"的期限

自____年____月____日至____年____月____日止。

5.变更或解除协议

（1）本协议自各方在协议上签字盖章之日起生效，各方在协议期限内应按照约定履行协议义务，若要变更本协议条款需经各方协商一致且采取书面形式重新签署协议；

（2）在期限之前解除本协议，需各方协商一致。

以上变更和解除均不得损害各方在公司中的合法权益。

6. 争议的解决

若本协议出现争议，各方必须通过友好协商解决，协商不成应将争议提交给_____仲裁委员会按当时有效的仲裁规则在_____解决。

7. 管辖的法律

本协议以及协议各方在本协议下的权利与义务由中国法律管辖。

8. 本协议一式_____份，各方各执_____份，具有同等法律效力。

签署各方：

甲方：　　　　（签字）

乙方：　　　　（签字）

丙方：　　　　（签字）

丁方：　　　　（签字）

签约日期：　　年　　月　　日

签约地点：

章末总结

1. 控制权主要是指某人对相关决策的间接或直接影响力。谁拥有控制权，不仅关系到公司的经营效率，也关系到内部其他主体的利益。

2. 控制权就像汽车的方向盘，司机只有把方向盘握在手里，才能引导汽车的行驶方向；同理，创业者只有把控制权握在手里，才能引导公司的发展方向。

3. 控制权一旦出现问题，小则影响团队发展，大则影响公司日常运营甚至上市。因此，无论是什么规模的公司，都要在融资时把控制权梳理清楚。

4. 新浪王志东、百度庄辰超、俏江南张兰不得不离开公司，当当网李国庆怒抢公章……创业者失去控制权的惨痛案例在不断上演。这些案例透露出一个事实：做融资，首要考虑控制权问题，一旦创业者失去控制权，就会变成为投资者打工的职业经理人。

5. 从理论上来讲，如果某人拥有了 50% 以上的股权，那就相当于拥有了对公司的控制权。但实际情况是，67%、51%、34%、5% 等都是与控制权息息相关的股权比例。创业者需要仔细研究这些股权比例，了解其背后代表的真正含义。

6. 入驻董事会、让法人持股、签署一致行动人协议都是把握控制权的有效方法，创业者应该掌握这些方法，并将其付诸实践。

7. 创业者应该把握控制权，这是不会轻易改变的原则。但与此同时，创业者也要注意别让公司走向"一言堂"管理模式。创业者除了要把握控制权，还应该适当放权，让自己的公司在求同存异中不断发展。

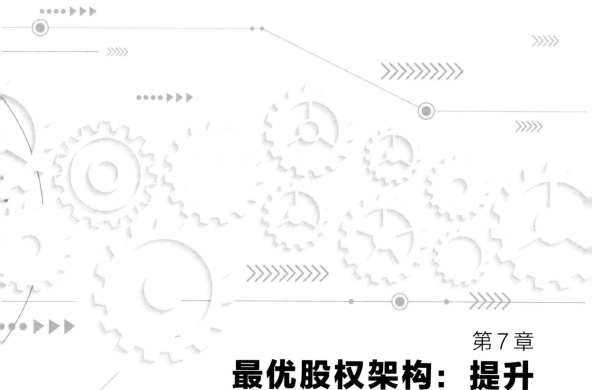

第 7 章

最优股权架构：提升股权竞争力

对于广大公司来说，设计股权架构的作用是加速融资进程，使团队获得更稳定的发展。想要融资的公司必须重视股权架构设计，争取用最优股权架构吸引更多投资者。

7.1

盘点不太高明的股权架构

有些创业者认为设计股权架构非常简单，只要和股东随便商量一下就可以，但事实并非如此。在设计股权架构时，创业者可能会面临很多陷阱，不能想当然地以为将股权分配下去就万事大吉了。有时，创业者一不小心就可能进入误区，导致融资失败，人财两空。

7.1.1 创始团队将股权平均分配

在股权分配过程中，如果股东的出资比例相等，那就很容易出现"平均主义"。例如，两名股东各占50%的股权，4名股东各占25%的股权，5名股东各占20%的股权……这种"平均主义"很可能会导致公司没有最终决策人，各股东无法达成一致的决策意见，从而影响公司发展。

曾经有这样一个项目，其股权架构是34%、33%、33%，也就是说，三个创始人谁说了都不算，只有其中两个创始人意见一致，才能做出决定。两个创始人各占50%的股权也是类似的情况。这种均等的股权分配都是不合理的。

在公司发展过程中，每个股东对公司的贡献是不同的。如果股权比例对等，就意味着股东贡献与股权比例不匹配。这种不匹配发展到一定程度，就会引起股东之间的矛盾。此外，在均分式股权架构中，如果没有核心股东，也容易引起股东之间的矛盾。

均分式股权架构的危害如图 7-1 所示。

图 7-1　均分式股权架构的危害

公司要尽力避免均分式股权架构，减少和避免出现因公司内部股东存在分歧而影响公司整体发展的情况。

7.1.2　小股东也可以有决策权

在初创公司中，大股东的地位通常是非常重要的，有时甚至可以决定整个团队的未来发展。如果公司在设计股权时考虑不周，导致大股东地位不稳定，而小股东也有决策权，那就会非常麻烦，久而久之会引发严重的股权纠纷。

一家公司刚创立的时候只有两个股东 A 和 B。A 占 51% 的股权，B 占 49% 的股权。后来为了增强公司的市场竞争力，公司引进了一位技术人才 C，C 希望获得公司的股权。

A 和 B 经过多次商议，最终决定每人拿出 2% 的股权放到 C 名下，如此一来，他们二人的股权就分别变成 49% 和 47%，C 拥有了 4% 的股权。按理说，C 的股权比较少，是个小股东，在公司的地位没有那么高，但要是 A 和 B 发生了矛盾，那情况就会有所不同。

B 拥有的 47% 的股权再加上 C 拥有的 4% 的股权，正好是 51%，而 A 的股权只有 49%。在这样的股权架构下，A 和 B 说了不算，C 说了才算。由此可见，如果出现 A 或 B 与 C 的股权相加均大于 51% 的情况，小股东的地位就会比之前高出很多，大股东的控制权和决策权就会受到严重影响，从而给公司的正常经营与决策带来非常大的隐患。

此外，创始人要注意：在分配股权时不能把 100% 的股权分配完。这是因为：第一，公司还在发展，还可能引入其他人才和资源方，需要为他们留下一部分股权；第二，有的投资者可能前期贡献较大（如创业初期投入了资金），但中后期其贡献逐渐减少，创始人要为这部分投资者留出股权变化的空间。

7.1.3　股东过多，影响股权的集中性

为了让更多的人和自己分担风险，有些创业者喜欢引入大量股东，这种做法是不正确的。这种做法会让每个股东都认为自己是公司的"主人"，在所有决策中都要发表自己的观点，而且态度十分强硬，这样无疑会抬高决策成本。另外，可能还会出现统一而无法正确决策的情况。在股东众多的情况下，股权会变得非常分散，相差比例缩小，如出现20%∶30%∶10%∶10%∶30%这样的结构没有核心股东，各股东之间相互制衡，非常影响公司的运营。

试想，要是股东把大量时间和精力放在互相博弈上，而不关心公司运营和员工管理，那公司很难获得好的发展。

7.1.4　没有处理好挂名股东的股权

挂名股东是指在公司成立或股权转让过程中产生的，虽然具备了法定形式要件，但缺乏实质要件的股东。他们的主要义务是出资，通常不参与公司运营和决策，也很少承担连带责任。他们对公司的发展不会有太大影响。

为挂名股东分配股权，要根据公司实际情况，遵循公平公正原则，拿出最佳方案。一般对挂名股东进行股权分配应该遵循以下 3 个原则。

原则 1：股东不参与公司经营的，可以根据投入资金时的股权占比分红，但是其不会获得额外的工资。股东参与公司经营的，公司还应该给予更多的报酬，例如给予他们与其工作强度相匹配的年薪等。

原则 2：股东不参与公司经营的，可以根据投入资金时的股权占比分红，但是其不会获得额外的业绩提成。而对参与经营的股东进行额外补贴时，必须参考其工作业绩，给予相应的薪酬。这样的方式能够充分调动后者的积极性，

促使他们把工作做得更加出色，为公司创造更多财富。

原则 3：对于不参与经营的股东，公司要逐渐稀释其股权。从短期来讲，稀释不参与经营的股东的股权固然是有损其利益的行为，但为了公司的长远发展，这样的行为是科学的。如果不参与经营的股东在公司一直占据主要位置，那么当公司获得盈利时，这些股东会获得更多的分红，这对于参与经营的股东来讲是不公平的。

如果公司发展遇挫，创业团队在稀释不参与经营的股东的股权后，也会让这些股东承担更小的责任。

总而言之，这一原则无论是对小股东还是大股东来说，都是有利的。

7.2

好的公司需要好的股权架构

在我国，股权架构过度集中似乎是一个普遍现象，很多公司甚至因此形成一系列融资难题。经过多年探索，很多公司的股权架构已经或正在朝着分散化和多元化的方向发展。例如，中国平安就是新型股权架构的典型代表，目前已经取得了非常不错的效果。

7.2.1　解读分散式股权架构

在之前很长一段时间内，创业者几乎都不知道公司治理结构与公司盈利和市场规模扩张有关系。然而，有一些较早接触了市场经济的人是非常有远见的，如原招商局常务副董事长袁庚（后来成为中国平安的"精神领袖"）。他在香港感受到了被市场机制充分激活的能量，并因此意识到了体制对于公司发展的重要意义。

1988 年，袁庚委派马明哲创建了中国平安保险公司（以下简称中国平安），尽管当时的中国平安是一家国有公司，但却率先采用了股权制，还设立了董事会。中国平安创始之初就拥有了现代公司治理的基本架构，是中国第一家股权制保险公司。

中国平安作为一家金融公司，其要想发展首先需要大量的资本，同时还要解决股权问题。但中国平安的股权是集中式的，这就造成很多股东在决策时会将自身眼前利益放在第一位，而缺乏对公司长远经营发展以及长期利益的考虑。

1992 年，袁庚与马明哲就中国平安的股权集中问题进行讨论。马明哲说："一家公司最主要的问题是体制、机制和人才，体制决定机制，机制留下人才，而最为关键的问题则是由股权架构决定的。"最后，袁庚答应了马明哲的请求，担任中国平安的名誉董事长。

袁庚对国际大公司的良好运作经验有过深入了解，他深刻意识到运用市场化手段引入外部投资者是中国平安的当务之急，只有这样，中国平安才能解决管理层利益与公司、股东利益分离的问题。至此，中国平安拉开了股权架构演变的序幕。

1992 年，中国平安拿到了全国性保险牌照，并借此机会引入了新股东职工合股基金（后发展为深圳市新豪时投资发展有限公司），该股东持股 10%。新股东的加入从根本上解决了管理层、员工与股东利益不一致的问题，对中国平安股权架构变革具有里程碑意义。

在随后的几年里，中国平安进行了多次增资扩股。由于国有股东没有阻止外部投资者加入，中国平安非常平稳地完成了股权变革。

对中国平安来说，国有股东顺应市场化法则逐渐淡出意味着市场化的胜利。金融业是一个竞争性很强的行业，这种竞争性要求引入更多私人、民营公司的股东。因此，中国平安股权分散化是一个顺应市场机制、股权架构自然变化的过程。

国有股东的股权占比虽然减少，但股东权益为其带来了比较丰厚的投资收益。以招商局蛇口工业园区为例，其退出中国平安带来的股权分红和股权收益高达将近 20 亿元。截至 2022 年 3 月 31 日，中国平安的十大股东及股权占比如表 7-1 所示。

表 7-1　中国平安的十大股东及股权占比

十 大 股 东	股 权 占 比
香港中央结算（代理人）有限公司	37.01%
深圳市投资控股有限公司	5.27%
香港中央结算有限公司	3.34%
中国证券金融股份有限公司	2.99%
中央汇金资产管理有限责任公司	2.57%
商发控股有限公司	2.43%
深业集团有限公司	1.41%
中国平安保险（集团）股份有限公司长期服务计划	1.39%
Plenty Ace Investments (SPV) Limited	1.20%
大成基金 - 农业银行 - 大成中证金融资产管理计划	1.10%

随着国有公司改革的深入，国资逐渐退出竞争性行业成为一种趋势，这为公司的发展注入了活力。另外，随着相关法律的出台，国有公司的管制向着法治化、市场化方向发展。中国平安股权架构的演变告诉我们，国有控股并不可怕，关键的是如何将国有控股市场化。

7.2.2　优先设计创始团队的权、责、利

对于创业者和投资者而言，明晰的权（权利，power）、责（责任，responsibility）、利（利益，benefit）是维护公平、保证合作稳定的基石。三者应该保持一致。

公司应该根据各成员所做的贡献为其分配股权。做出较多贡献的成员，可以适当地占据公司较多的股权，以此类推。当然，占据股权越多的成员，享有的权利和承担的责任越大，获得的利益也越丰厚。需要注意的是，贡献通常是看不见、摸不着的，这就需要我们掌握量化贡献的方法。下面借助一个案例对此进行说明。

Carl、Matt、Leonard、Broderick 在大学毕业后共同成立了一家科技公司，他们各自的角色如下所示：

（1）发明人员（Carl）：领域内公认的引领者，有较强的综合能力；

（2）商务人员（Matt）：为公司带来业务，为员工充实行业知识；

（3）技术人员（Leonard）：发明人员的得力助手；

（4）研究人员（Broderick）：因为某些契机开始创业，目前不会对公司做出太大贡献。

如果他们均为第一次创业，而且缺乏相关经验，那么股权很可能是这样设计的：每个人得到 25% 的股权。对于 Carl、Matt 等人来说，这样的结果其实是不公平的。比较好的股权设计方案应该是：对每个人做出的贡献进行量化，按照从 0 分到 10 分的等级打分。

对于科技公司来说，比较重要的贡献有4种，分别是创业观点、商业计划书、领域专业性、担当与风险。不同的贡献还需要有不同的重要程度（单位：级），如表 7-2 所示。

表 7-2　贡献的重要程度

贡　　献	重要程度	Carl	Matt	Leonard	Broderick
创业观点	7 级	10 分	3 分	3 分	0 分
商业计划书	2 级	3 分	8 分	1 分	0 分
领域专业性	5 级	6 分	4 分	6 分	4 分
担当与风险	7 级	0 分	7 分	0 分	0 分
资金	6 级	0 分	6 分	0 分	0 分

之后，我们可以把每个人的分数与贡献的重要程度相乘，计算出一个加权分数；把每个人的加权分数加在一起，得到一个总分数，根据总分数判定股权比例；对股权比例的合理性进行检查，判断其是否符合逻辑，如果没有问题便可以正式投入使用，如表 7-3 所示。

表 7-3　四位成员的贡献值

贡　　献	Carl	Matt	Leonard	Broderick	
创业观点	70 分	21 分	21 分	0 分	
商业计划书	6 分	16 分	2 分	0 分	
领域专业性	30 分	20 分	30 分	20 分	
担当与风险	0 分	49 分	0 分	0 分	
资金	0 分	36 分	0 分	0 分	
					合计
总分数	106 分	142 分	53 分	20 分	321 分
股权比例	33%	44.2%	16.5%	6.3%	100%

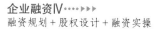
通过上述方法对贡献进行量化，公司就不会存在平分股权的情况，也不会出现权、责、利不明晰的现象。创业者在进行股权设计时，需要考虑每个人过去、现在、未来可以为公司做出多大贡献。这开创了一种量化分配股权的模式，使最后的结果更加完美。

请注意，上文对各类贡献的权重和分值只是作为案例使用，不具备普适性。真正希望使用这个办法的创业者，还是应该结合自身业务和公司发展情况对其进行优化和调整。

7.2.3　中国平安：管理层与股东共赢

很多公司出现了一个非常有意思的现象：管理层持有的股权比例不是最大的，却长期掌控公司的经营权。而且，大股东可能只委派董事，而不委任管理层。中国平安就是这样一家公司，它目前依然保持着比较良好的发展态势。

中国平安的管理层团队与股东保持了长期融洽的合作关系。中国平安董事长马明哲以及副董事长孙建一放弃体制内的工作，转而到中国平安做职业经理人、企业家，为这种良好合作关系的建立打下了基础。

中国平安董事会秘书姚军指出："平安管理层团队跟大股东们合作良好，源于管理层团队作为职业经理人的利益和股东利益、公司利益是一致的。有了这种一致性，其他的都好办。如果大家的利益不一致，那就乱套了。"源于这种利益的一致性，中国平安的董事会形成了以公司利益为重的基本氛围。

中国平安的管理层团队与股东的合作还体现在董事高管薪酬制度方面。管理层的表现与薪酬待遇是直接挂钩的，中国平安董事会薪酬委员会负责审议董事及高级管理人员的表现，然后参照董事会制订的年度发展计划，以绩效为基础提出薪酬待遇建议，经董事会审议，并股东大会表决后则可实施。

谈到董事会与管理层团队的相处，马明哲表示："董事会是帮我们的，老想着董事会、监事会是跟我对抗的，那心态就不对了。作为平安的创始人，我的任务就是培育它，为它打下好的基础，使之得以成长为百年老店。当我以后退出来的时候，我希望它能有一个好的可以永续经营的平台以及长久成长的内在动力。"

根据《福布斯》杂志 2016 年发布的"全球上市公司 2000 强"榜单，中国平安的营收高达 987 亿美元，利润 87 亿美元，资产 7323 亿美元，市值为 900 亿美元。由于营业收入、利润和资产规模等各项业绩指标增长强劲，中国平安连续十二年入围该榜单，排名较 2015 年跃升 12 位，位列全球第 20 位，并在中国内地入围公司中排名第 7 位，继续在中国保险公司中位列第一。同时，在全球金融公司排名中，中国平安名列第 10 位。

中国平安的案例告诉我们，股权架构和公司价值之间的关系非常微妙，其在不同行业的不同公司里所发挥的作用也是完全不一样的，只有适合自己的才是最好的。在这个意义上，中国平安走向股权多元化、合理化，找到了一条适合自己的治理之路。

（7.3）
员工激励：提前预留股权

适当给员工一些激励是非常有必要的，但这是创业者手中的一把双刃剑，使用得当可以在公司运营中起到积极作用，帮助公司更上一层楼；使用不当也很容易"踩坑"，花费了时间和精力却达不到想要的激励效果。本节详细介绍员工激励的方法，帮助创业者顺利地发挥出员工激励的最大价值。

7.3.1 三种股权激励模式：干股VS实股VS虚拟股

股权激励是一种让员工获得一定股权，使其享受股权带来的收益与权益，从而激励其勤勉尽责地为公司做贡献的激励制度。在实施股权激励的过程中，干股、实股、虚拟股是一定会涉及的概念。

干股并不是法律上的概念，多出现在民营公司，是指未出资而获得的股权。持有干股的员工虽然也可以享受相应的分红，但不具有对公司的实际控制权。

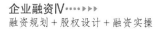
例如，上海一家公司的管理者为了留住营销总监，许诺给他 10% 的干股。这样，营销总监没有出一分钱就成为股东，每月可以获得一定金额的分红。但是公司的重大决策，营销总监只能够遵从，不能参与制定。如果后期他决定离开这家公司，他所持有的干股也会随即消失，不会再获得任何分红。

与干股不同，实股就是通常意义上的股权，需要经过工商注册、出资才能获得。实股可以转让，而这个转让过程就是公司获得新股东的过程。以实股的方式进行股权激励时，公司多会将股权按一定折扣卖给员工，或以定向增发的方式授予员工，让员工获利。

虚拟股不需要经过工商注册，拥有虚拟股的员工可以获得分红与股价升值收益，但不具备所有权和表决权。

除此以外，员工也不可以转让和出售虚拟股。如果员工离开公司，其获得的虚拟股自动失效。

在选择股权激励方式时，我们必须要以公司实际情况为前提。例如，刚刚成立的公司应该选择实股，以便扩大资金来源，而稳定成长的公司则适合干股，因为可以留住更多人才。

7.3.2　股权激励的8个常用工具

在股权激励刚刚出现时，它可能是上市公司的专利，但随着管理理念的变革，它的应用范围逐渐扩大，受到了很多非上市公司的欢迎。但有些非上市公司根本不懂如何进行股权激励，导致激励效果无法充分发挥。因此，这些非上市公司需要掌握一些股权激励工具。

1. 分红型虚拟股权

这一工具是指通过虚拟记账的方式授予员工一定数量的虚拟股权。员工获得虚拟股权之后，可以享有相应的税后利润分配权，但不享有表决权。

2. 延期支付

这个工具的核心是推迟支付员工综合薪酬中的一部分现金，而将其转化为股权。在满足规定期限之后，员工可以在市场上出售这部分股权变现。

3.业绩单位

业绩单位是指给予员工现金奖励，只不过具体的金额需要由考核期最初的股价确定。一旦确定下来，员工就可以在考核期结束后获得相应的现金。

4.业绩股票

这个工具有点类似于"绩效考核＋对赌协议"，只不过程度没有那么深。业绩股票比较适用于房地产公司。例如，在楼盘建设初期确定一个相对合理的业绩目标，如果员工在规定时间内完成了这个业绩目标，就可以获得一定数量的股票。

5.限制性股权

这一工具是指公司事先授予员工一定数量的股权，但同时对股权的来源、转让、出售等方面进行一定的限制。例如，完成公司规定的任务之后，员工才可以出售股权并从中获益。

6.员工持股计划

对于那些表现优秀的员工，公司可以让他们出资认购部分股权，享受公司发展带来的红利。员工持股形式多样，例如直接持股、委托某股东代持股、加入持股平台等。

7.实股期权

大部分情况下，实股期权是公司在上市前对一些元老级员工进行奖励时会使用的工具。这些员工可以在规定期限内以事先确定的内部价格购买一定数量的公司流通股票，上市后大涨就相当于获得了一笔丰厚的奖励资金。

8.储蓄－股票参与计划

储蓄－股票参与计划是指公司允许员工预先将一定比例的薪酬存入专门

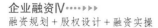

的储蓄账户，并将其折算成相应数量的股票，然后再计算此部分股票的价值，公司补贴购买价和市场价之间的差额。

在选择股权激励工具时，要以激励对象为基础。假设激励的是管理者，那激励工具就应该偏向于分红型虚拟股权和限制性股权，这样可以达到正面激励和反面约束的双重效果。如果激励的是普通员工，那就适合选择员工持股计划，这样的话，员工拿到的股权不会太多，他们的收益不会对公司整体经营造成太大影响。

不同的激励工具有不同的适用对象和使用环境，在选择时一定要注意实际情况。另外，股权激励工具也不应该一成不变，而要在实践中不断调整和创新。

7.3.3　实施股权激励需要合适的周期

股权激励是有周期的，公司不能无限期地将其一直执行下去。那么，我们应该如何制订股权激励的周期呢？具体可以参考以下三个方面，如图7-2所示。

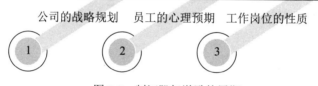

公司的战略规划　　员工的心理预期　　工作岗位的性质

① ② ③

图 7-2　制订股权激励的周期

1. 公司的战略规划

股权激励是支持公司实现战略计划的手段，因此股权激励计划的实施周期一定要和公司战略规划相匹配。举例来说，公司的战略计划以五年为一个阶段，那么股权激励计划的周期应在五年以上，以保证所有股东的贡献都能得到充分体现。

2. 员工的心理预期

如果周期过长，激励效果就会被弱化，容易引发员工的不满；但如果周期过短，又可能会导致员工的短视行为，为公司带来不利影响。因此，在确定周期时，一定要把握好员工的心理预期，确保股权激励计划能够达到激励员工长期为公司努力工作的目的。

3. 工作岗位的性质

公司为了获得长远的发展，一定要重视对未来发展有益处的工作岗位，而这些岗位的工作成果往往在短期内无法得到呈现，所以实施激励计划的周期要相对长一些。

另外，公司最好设立循环机制，以便在对员工实施激励计划的同时附加一定的约束。例如，员工如果在计划实施中途想要离开公司，会因为不能得到收益而觉得遗憾，于是可能打消离开的念头。由此可见，确定好周期是一件非常重要的事情。

7.3.4 360公司：平衡投资者与员工的利益

360 公司创始人周鸿祎曾经从个人持有的股权中拿出 10% 给核心员工，使其成为自己的投资者。按照当时 360 公司的股价折算，他拿出的这部分股权相当于 60 多亿元人民币。

除了这部分股权外，周鸿祎还宣布考虑分配 20% ～ 30% 不等的股权给员工，鼓励他们参与内部创业。总的来说，股权激励给 360 公司带来了以下两个好处。

1. 保持创业文化

360 公司具有强烈的创业文化，股权激励着眼于未来发展，能够鼓励员工继续发挥创新精神。

2. 保留核心员工

对于真正有长远目光的核心员工来说，眼前的福利是不够的，必须要有长远的发展前景他们才会考虑留下。周鸿祎鼓励大家直接在公司内部创业，给了核心员工一个十分光明的未来，这对于他们来说才是最有效的激励手段。

股权激励向 360 公司的员工，尤其是核心员工表达了公司的认可与支持，使他们保持热情和积极性，不断延续"狼性"创业文化。

7.4
股权成熟与股权锁定机制

股权成熟与锁定与融资息息相关，而且会影响投资者和创业者之间的利益关系。公司的股权成熟与锁定机制一旦出现失误，不仅会拖慢融资进程，还会引发不必要的矛盾。为了让融资工作顺利完成，创业者要想方设法解决这个问题。

7.4.1　股权成熟机制

俗话说"天下没有不散的筵席"，无论公司处于哪个发展阶段，都有可能面临股东要求退出的问题。股东"中途退场"没有那么可怕，前提是处理好股权问题。于是，股权成熟机制在投（融）资圈应运而生。在股权成熟机制下，股东的股权会分批成熟，如每年成熟 25%。如果股东中途退出，未成熟股权会以 1 元或最低价格转让给投资者和其余创始人。

股权成熟机制可以防止创始人突然从公司离开而带走大部分股权的情况发生。例如，公司股权结构为 A 联合创始人 50%，B 联合创始人 30%，C 投资者 20%。同时，三人约定股权 4 年成熟。假设 A 2 年后离开，则：

成熟股权为 50%×（2÷4）=25%

未成熟股权为 50%-25%=25%

股权成熟机制涉及 CEO、COO（Chief Operating Officer，首席运营官）等创业者管理层分配到的股权。例如，其 COO 持有了公司 30% 的股权，起初他信心十足，决心把公司做到上市，结果，一年之后，他被其他大公司挖走了。

如果公司没有上市，那这位出走的 COO 一定会要求退出并分钱；如果公司上市，估值 2 亿，这位出走的 COO 没有贡献却占有 20% 的股权，这种是显见的不公平。由此，出现了股权成熟机制。

在融资合同里，股权成熟机制通常表述为以下内容。

只要创始人持续全职为公司工作，其所持有的全部股权自本协议生效之日起分 4 年成熟，每满两年成熟 50%。如果从交割日起 4 年内，创始人从公司离职（不包括因为不可抗力离职的情况），应以 1 元人民币的象征性价格或法律允许的最低转让价格将其未释放的股权转让给投资者或投资者指定的主体。

设立股权成熟机制对创业公司有两个好处：第一个是公平，毕竟有付出才有收获，坐享其成是不被允许的；第二个是有利于创业公司吸引新的更有能力的人才。你不做 COO，公司自然要找别人做 COO，如果人家看到公司的股权已经分配完，而且前 COO 还占有那么多股权，还愿意进来吗？

投资者对创业公司的投资本身就包括了对创始人的投资，因此投资者倾向于设立股权成熟机制也无可厚非。正如滴滴出行投资者王刚所说："投资，其实就是买创始人的时间。"事实就是如此，如果我们决定融资，本就应当有将全部时间和精力花费在公司上的觉悟。

而且，股权成熟机制并不影响创始人的分红权、表决权和其他相关权益，所以我们应该在融资前做好设立股权成熟机制的充分准备。

7.4.2　股权锁定机制

股权锁定机制与前文提到的股权成熟机制其实有异曲同工之妙，目的都是防止股东随意离开公司。在股权锁定期内，未经投资者书面同意，股东通常是不可以向他人转让股权的。当然，具体的股权锁定条件可以根据公司的实际情况自行设置。

在签署融资合同时，创业者要注意股权锁定条款的制约细节，以防自己

被无故绑定。

吕明和刘杰刚创立了一家电商公司，为了拿到投资者的巨额投资，缺乏融资经验的他们没有经过充分考虑就签署了融资合同。然而，随着合作上的矛盾越来越多，吕明写了辞职信，决定将自己的股权转让，然后通过二次创业实现自己的梦想。

因为融资的时候吕明签字同意融资合同中包含股权锁定条款，所以在没有征得投资者同意的情况下，吕明不能转让自己的股权，除非等到公司上市。但在激烈的市场竞争下，这家电商公司上市可以说是遥遥无期。

另外，融资合同中还有竞业禁止条款，要求吕明从离开公司之日到不再持有公司股权两年内不能从事电商业务，这对吕明的打击是致命的，相当于让他的再次创业寸步难行。

股权锁定条款通常约定未经全部或部分特定投资者许可，创始人在公司上市前不得转让自己的股权。

竞业禁止条款通常约定公司的管理团队和核心技术人员离职后两年内，或在不再持有公司股权之日起两年内，不得从事与创业公司相类似的业务。

吕明签下的竞业禁止条款让他付出了巨大的代价。如果签署融资合同时，吕明自己了解一下股权锁定的风险，并征求一下专业人员的意见，将条款中的锁定期限适当缩短，明确竞业范围，其境况也不至于如此尴尬。

对于投资者来说，股权锁定条款可以保护他们的利益；但对于创业者来说，由于存在着未来的绑定风险，在签署融资合同的时候，必须了解其细节限制，不要让自己受到损失。

章末总结

1.聪明的投资者在投资时会关注公司的产品、创业者的情怀、项目的进展，同时也会关注股权架构是否合理。如果公司的股权架构非常差，他们大概率是不会投资的。

2. 创业者最好在天使投资者进入公司前就把股权架构搭建起来，这样会涉及更少的利益相关者，从而使创业者在融资时面临更小的阻力。

3. 股权架构解决的不仅是股权比例如何设计的问题，还要求创业者充分整合并利用公司生存、发展所需的各种资源，打造一个利益相关者共赢的局面。

4. 优秀的股权架构不一定可以成就伟大的公司，但伟大的公司一定有优秀的股权架构作为支撑。创业者应该多关注新型股权架构，如分散式股权架构。

5. 每家公司的具体情况和所处行业不同，创业者的经营理念也有所差异，因此股权架构不能简单照搬照抄，而应该与公司实际相匹配。

6. 股权激励是促使员工以股东身份参与决策、分享利润、承担风险，从而为公司发展努力奋斗的一种激励方式。近年来，因为股权激励越来越受欢迎，所以创业者在制定股权架构时要预留一部分股权，将这部分股权用于激励员工。

7. 相对科学的股权架构应该是有梯次的，例如，创始人拥有 51% 以上的股权，联合创始人及投资者、管理者拥有 20% ～ 30% 的股权，再为员工预留 10% ～ 15% 的股权。这样的股权架构能够在公司内部形成合理的控制权、话语权、决策权。

8. 在融资过程中，起初创业者和投资者志趣相投，决定一起干出一番事业。但随着时间的推移，他们可能会改变想法，因为一些主观或客观的因素离开公司。为了将他们离开公司对公司造成的损失降到最低，明确股权成熟与锁定机制很有必要。

第8章

动态股权模式：股权
设计要紧跟时代

在公司成长之路上，股权问题永远是一个逃不开的问题。商场如战场，在激烈的市场较量中，合理的股权模式无疑是推动公司稳步前行的催化剂，可以将创业者、投资者、股东、管理者、员工结成"利益共同体"，把一个人的梦想变成一群人的梦想。

8.1

静态股权模式 VS 动态股权模式

现在比较受欢迎的股权模式有两种：一是静态股权模式；二是动态股权模式。静态股权模式虽然简单，但随着公司的发展很容易出现问题。创业者要学会"化静为动"，设计出能适应公司发展变化的动态股权模式。

8.1.1　静态股权模式的痛点

简单地说，静态股权模式就是在公司成立之初确定好各股东的股权比例，后期除非发生重大事件，否则股权比例不再进行大的调整。这种模式操作起来比较简单，但因为股权比例是根据股东早期阶段的投入计算的，所以难免会存在一些痛点，如图 8-1 所示。

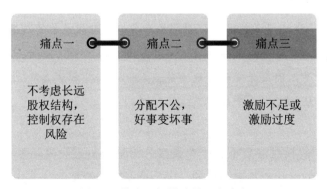

痛点一	痛点二	痛点三
不考虑长远股权结构，控制权存在风险	分配不公，好事变坏事	激励不足或激励过度

图 8-1　静态股权模式的三大痛点

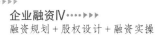

1. 不考虑长远股权结构，控制权存在风险

周某、王某和李某三人共同创立了一家公司，公司成立伊始三人采取了静态股权分配方式，三人的股权比例分别为75%、20%、5%，其中周某和王某是夫妻，两人共同持有公司95%的股权。后来，公司发展良好，三名股东为激励创始团队的员工，释放了15%的股权，当时直接采用了自然人持股的方式。

几年后，周某和王某因感情破裂导致离婚。当时周某想将其代理的几个品牌的生产线引入国内，提高生产力，需要大量资金。周某找了许多经销商想要获得融资，这些经销商也愿意与周某合作。可是王某却因为离婚的事怨恨周某，在公司散播谣言，谎称引进经销商会稀释员工股权，减少他们的收益，让员工在股东会上否决这个提议。

因为王某和周某的关系，员工对这个消息深信不疑，结果导致股东会上35%以上的股东反对增资，周某的计划被迫搁置。

如果当初进行股权激励时，周某没有将15%的股权一次性释放，而是动态授予，或者让激励对象间接持有股权，就可以避免自己的控制权被削弱的问题了。

2. 分配不公，好事变坏事

小张和小李合开了一家公司，公司发展到一定时期决定给员工分配一定比例的股权。小张和小李按照入职时间给5名工作时间最长的员工分配了股权，引起了其他员工的不满。一些没有这些受激励员工工作时间长，却为公司做出了巨大贡献的员工因未分配到股权愤然离职，还到处宣扬公司过河拆桥看不到员工的付出，给公司带来了非常恶劣的影响。

静态分配股权到底公不公平？直接分给某个员工股权，会不会好心办坏事，反而让矛盾激化？答案是会的。因为公司直接给某些员工分配股权，其他员工不知道这些员工到底凭什么能获得这些股权，非常容易引发内耗。

而动态股权激励追求的是某一个时间段内的公平，这个时间段公司可以灵活调整，即使刚开始股权分配存在不公平之处，后面也可以进行动态调整，保证相对公平。

3. 激励不足或激励过度

公司的股权激励给得太少，员工拿不到惊喜的收益，激励效果不明显。但公司给得太多，同样影响激励效果。例如，员工获取股权的第一年，努力干，得到分红；第二年，随意干，还能得到分红；第三年，什么也不干，依然能得到分红。股权已经分出去了，无论员工工作与否，都能得到分红。这样的后果是分红下发了，员工的工作表现却原地踏步。

而动态股权激励是根据不同因素，如岗位价值、职能等级等决定激励的量，并且会在不同阶段进行动态调整，这是静态股权分配没有的约束机制，可以确实让股权分配达到激励的作用。

8.1.2　思考：什么是动态股权模式

通过上一小节的内容，广大创业者可以了解到静态股权模式的弊端，也大致知道了动态股权模式的优势。动态股权模式下，股权比例不是一次性确定的，而是根据公司的发展在不断改进和调整的。

在动态股权模式下，"勤劳"股东的股权会随着其所做贡献的增加而增加，而"懒惰"股东的股权则不会有很大变化，甚至他本人也有可能被清退。

股权动态调整的依据是各股东贡献的价值，调整的难点在于如何衡量股东的贡献。衡量股东的贡献需要统筹考虑资金、资源、管理等公司发展要素，然后根据人员分工确定价格，最终以此统计出股权比例。动态股权模式是动态的，在具体操作过程中，股权分配的比例、时机、价格都可以是变化的。

8.1.3　动态股权模式消除了两大矛盾

静态股权模式追求的是尽早分配股权。到公司发展后期，这种模式很容易引发矛盾，比如贡献与回报不平衡、股东对股权分配结果不满意等。而近几年一经出现就受到广泛欢迎的动态股权模式则可以很好地消除这两大矛盾，帮助创业者妥善解决股权问题。

1. 贡献与回报不平衡

随着公司不断壮大，有了盈利以后，经济效益的重要性开始体现。这时，矛盾也会暴露出来。一方面，做出更多贡献的投资者会觉得自己吃了亏，极力想要改变现状；另一方面，出了资金但对公司事务不太上心的投资者又希望按照股权获得相应的回报。

这些矛盾的根源就在于公司对股权进行了事先分配，而且没有配套的动态调整措施。一般股权分配首先考虑的因素是出资。如果投资者的优势基本相当，那么就可以按照出资的情况分配股权。但需要注意的是，在实际操作过程中，由于不同投资者的贡献或者价值不同，需要留出对股权进行调整的空间。我们可以预留一部分股权，等到公司稳定下来以后，再根据实际情况进行动态调整。

2. 股东对股权分配结果不满意

有一家公司，注册资本为 100 万元，由 4 个股东共同投资创立。其中，小明出资 30 万元，占股 30%，不参与公司管理，他的优势是社交资源丰富，但与本行业关联性不强。小红出资 25 万元，占股 25%，全职参与公司管理，她的优势是有行业经验。小张出资 20 万元，占股 20%，不参与公司管理，他的优势是同行社交资源丰富。小王出资 25 万元，占股 25%，不参与公司管理，他的优势是有决定公司某些业务成败的社交资源。

在上面这个案例中，股权分配很明显不公平。小红全职负责公司管理，公司几乎是她一个人在打理，但是由于出资较少，她的股权占比并不大。如果公司发展状况良好，那么随着公司的发展，小红会对股权分配结果越来越不满。

对于一家创业公司来说，资金固然重要，但人的作用要远大于钱的作用。一个好的管理人才是可遇不可求的，他可以帮助公司获得更多的资金和更稳定的发展。因此，公司的股权设计，不仅要对钱定价，更要对人定价。它的计算公式应该是：投入 + 能力 = 股权。

另外，一家公司，一定要有一个具有决定性话语权的大股东，而这个大股东必须全职参与公司管理。对此，上面这个案例有两种修改办法。

第一种：4 个股东经过沟通，小明、小张和小王以原价转让的方式，分别转让部分股权给小红，让小红成为公司的最大股东，保证其的绝对话语权。另外，增加小王的分红比例，毕竟小王掌握着决定公司命脉的资源。

第二种：设计股权激励方案，为小红制定业绩考核标准。只要考核达标，小红就能额外获得一部分股权。其他 3 位投资者因不负责公司管理工作，所以不能享受股权激励。通过这样的方式逐步稀释其他 3 人的股权，让小红的占股比例慢慢增大。

8.2
如何实施动态股权模式

与静态股权模式相比，动态股权模式更加灵活。它可以根据投资者的贡献变化逐渐调整股权比例，让贡献大的投资者多获益，以此达到公平分配和有效激励的目的。因此，现在很多创业者都在学习动态股权模式，希望将其引入自己的公司。

8.2.1　操作要点：精准评估各生产要素的价值

创业者要想更科学、合理、公平地进行股权分配，让所有股东都得到与其付出对等的回报，那就要精准评估各生产要素的价值。这是一项基础性工作，在做这项工作时，创业者可以借鉴已有的方法，同时结合公司的实际情况，制定出最终的评估原则。

生产要素包括劳动力、土地、资本、企业家、信息、技术，其中劳动力的工作效率会随着时间的推移、经验的累积而提高，这也就意味着劳动力的价值是会提升的。换句话说，劳动力目前的实际价值和未来的实际价值是不对等的。显然，如果将劳动力现在的价值和未来的价值完全等同起来，则有失公平。这也就产生了一条评估各类要素实际价值的基本原则，即实事求是，用发展的眼光来评估。

同样的道理，土地、资本、企业家、信息、技术这些生产要素的实际价值，都会随着社会的发展而发生变化。如果创始人在评估这些生产要素的时候，不能本着发展的眼光，那么以这个评估结果作为前提进行股权分配，最终很可能出现种种不合理的问题。

相反，如果制定了动态评估生产要素的原则，并且根据动态评估原则设置了动态股权分配方式，那结果就会截然不同了。在这个过程中的动态股权分配，是指按照动态评估的原则，将生产要素可能出现的升值或贬值情况考虑进来，并根据这种情况设置浮动的股权分配份额。

例如，土地在未来很有可能会升值，那就规定按照土地要素分配的股权可以随着土地的升值而增值。但这个增值的空间应该是有限的。也就是说，增值应在一定范围内。否则，对于公司来说，以土地要素作为投资条件加入公司的投资者，将来可能会独掌公司的控制权。这显然是不合理的，也是其他投资者不愿看到的局面。

同样，信息和技术的更新迭代非常快。当新的信息和技术出现，旧的信息和技术就可能变得一文不值。所以，信息和技术这两种生产要素会随着时间的推移出现明显贬值。如果不采取动态评估原则，不实行动态股权分配制度，就不能激励公司的信息、技术更新迭代。由此产生的直接结果就是公司的发展越来越落后，直至被市场淘汰。

动态的评估原则加上动态股权分配制度，能对公司运营起到有效的激励作用，从而促进公司不断出现新的技术，居于行业领先地位。

8.2.2　明确关键股东，分清主次

万事万物都有主次之分，我们只有学会分清主次，才更容易走向成功。

实施动态股权也是如此，创业者要为分清股东的主次，找到可以为公司创造更多价值，更能影响公司发展的关键股东。通常，关键股东可以分为以下四类，如图 8-2 所示。

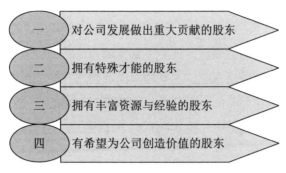

图 8-2　四类关键股东

1. 对公司发展做出重大贡献的股东

这类股东是公司的功臣，善待此类股东，既是公司知人善任的体现，也是公司对股东贡献与能力的肯定。这种奖励制度将会吸引和鼓励更多的股东全身心投入工作，为公司做出更大贡献。相反，如果连为公司做出贡献的股东都得不到公司的肯定，那么也就是在告诉其他股东，为公司卖命是没有好处的，是不值得的。

2. 拥有特殊才能的股东

这类股东往往具有较大的潜力和爆发力，常会给公司带来意想不到的惊喜。"泡面吧"网站的创意和技术都来源于俞昊然。俞昊然在计算机方面是一位天才，有"技术神童"之称。泡面吧的创意是俞昊然在不经意间想出来的。有了这一想法后，俞昊然立即付诸行动。于是，一套完整的程序被写出来后，泡面吧正式诞生。

众所周知，当下的社会竞争是非常激烈的。任何一家想要在这激烈的竞争中脱颖而出的公司，都无法离开股东的力量与支持。所以，拥有特殊才能的股东的重要意义也就体现出来了。此外，拥有超高智慧的股东以及拥有超强能

力的股东都是值得重视的对象。这类股东往往也是很多公司争相挖掘的对象。将这样的股东作为关键股东，是在为公司挽留重要人才。

3. 拥有丰富资源与经验的股东

公司在发展过程中会面临各种各样的问题，而解决这些问题可能会需要各种各样的资源与经验。显然，拥有丰富资源与经验的股东具有明显的优势。当一些较为棘手的问题出现时，这些股东能够快速有效地帮助公司解决问题。这类拥有丰富资源与经验的股东往往是可遇而不可求的。一旦公司中有这样的股东，应竭尽所能将其留下。这类股东为公司带来的实际价值，远高于公司分配给他们的股权利润。

4. 有希望为公司创造价值的股东

这类股东较容易被忽视。他们就是所谓的"潜力股"，其能力在短期内无法完全凸显，而是要经过一段时间的历练后才会有较为明显的表现。此类股东能为公司带来的价值往往不稳定，因此容易被忽视。但从长远来看，此类股东是应该受到重视的。

股东是否拥有丰富的资源与经验这一问题较难把握，需要公司以敏锐的眼光和独到的见解，通过观察股东的表现，对其做出较为准确的定位和判断。

8.3

动态股权模式之制定里程碑

里程碑是公司拥有的实际价值的象征，可以作为明确股权比例的依据。创业者可以通过设置里程碑，为各投资者设置目标，以达到动态分配股权的目的。

8.3.1 将战略目标作为里程碑使用

对于任何公司来说，战略目标都是非常重要的。它作为公司的总任务和总要求，可以综合反映公司的现实利益与长远利益。也正是因为价值巨大，很多公司愿意将它作为里程碑使用。而要将战略目标作为里程碑使用，首先得利用 SMART 原则为公司制定合适的战略目标。

SMART 原则由管理学大师 Peter F. Drucker（彼得·德鲁克）提出，最开始出现在他的著作《管理实践》（*The Practice of Management*）一书中。这本书在 1954 年出版。根据德鲁克所说，一位优秀的管理人员懂得如何避免"活动陷阱"（Activity Trap），是不会只顾低头拉车，而忘了眼观六路、耳听八方，从而忘记自己的主要目标的。

德鲁克认为，各项目标不是抽象的，而是管理者用来衡量工作成效的标准；目标必须具有能够转化为详细工作安排的可操作性；目标必须能把各种有用的资源集中在一起；目标必须是影响团队发展的不可或缺的因素之一。综合地看，SMART 原则主要包括五个方面。

1. 具体的（Specific）

目标必须是具体的。创始人制定的目标要切中特定的工作环节，不能模糊不清。明确的目标，是指所要达成的行为标准必须由具体详细的语言清晰阐述。明确的目标可以让投资者形成有效的分工，防止后期工作过程中发生推诿扯皮的现象。例如，某家公司的目标是"今年公司要实现 150% 的增长"，这个目标虽然有数字，看起来很具体，但 150% 的增长是一个概数，实际上并不明确。如果把这个目标变成"今年销售部的销售额要实现 150% 的增长"，就具体了。

2. 可测量（Measurable）

目标必须是可以衡量的。创始人制定的目标必须能够数量化或行为化，可以清晰获得验证绩效指标的有效数据或信息。判断制定的目标是否能实现，取决于目标是否能衡量。制定的目标应当是明确而不模糊的，要有一组明确的

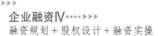

数据可作参考。但大方向性质的目标本身就很难衡量，这说明不是所有的目标都可以被衡量。例如，"今年要收购两家公司，并完成 1 个团队建设项目"这个目标就是可衡量的，而"今年要提升华东片区的客户口碑"这个目标就很难被衡量。

3. 可达到的（Attainable）

目标必须是可以达到的。一定要避免设立过高或过低的目标。目标必须让团队投资者能够实现，以激励投资者努力工作。如果一位创始人为了自己的利益，使用不正当手段，把自己制定的不符合实际情况的目标强加于投资者身上，就会造成团队投资者心理或者行为上的抗拒，反而会阻碍公司的发展。

4. 相关的（Relevant）

目标要脚踏实地，看得见摸得着，可以进行证明与观察。目标要和其他目标具有一定的相关性，否则就算实现了单一的某个目标，对团队整体的发展意义也不是很大。

5. 时间的（Time-based）

目标的截止期限必须明确而清楚。目标要有一定的时间限制，倘若没有时限性，将会导致绩效考核的不公正，从而会降低团队投资者的工作热情。例如，"销售部要完成 100 万元的销售额"这个目标就没有具体的时间限定。在什么时间完成这些销售额？可以是 1 个月，也可以是 1 年。如果时间成本与成果产出不能对应，这个目标也就失去了里程碑意义。

8.3.2　目前有哪些常用的里程碑

传统意义上的里程碑是设于路旁，用来指示里程的标志。而在公司发展过程中，里程碑就成了重大事件的象征。在实施动态股权模式时，创业者也需要设置里程碑。当达成里程碑时，就需要尽快对股东的股权比例进行优化和调整。目前比较常用的里程碑有两个，分别是产品研发突破某一困境，销售额、盈利、用户数量达到某一数值。

1. 产品研发突破某一困境

创业者在设置里程碑时，应该考虑公司所处的发展阶段，以及公司的类型。例如，产品导向型公司需要根据产品研发、市场推广等情况来设置里程碑。某公司的一个里程碑就是产品成功研发并通过测试。这意味着，该公司对产品研发或者产品何时突破困境十分看重。

由于公司要研发好的产品，因此人力、物力都会向研发部门倾斜，负责研发的投资者也要承受极大的压力。在这种情况下，如果关于产品的里程碑顺利达成，那么负责研发的投资者自然有资格得到符合自己贡献的回报。

2. 销售额、盈利、用户数量达到某一数值

除了产品研发情况以外，销售额、盈利、用户数也可以作为里程碑使用。例如，某公司的里程碑有以下三个：

里程碑 1：产品连续 3 个月销售额达到 X 万元；

里程碑 2：产品持续盈利，市场占有率达到 Y%；

里程碑 3：做好产品宣传推广，使用用户数量达到 Z。

在达成里程碑 1 的过程中，销售部门的重要性持续上升，负责这部分工作的投资者将做出更大贡献；在达成里程碑 2 的过程中，市场部门付出了努力，工作强度加大；在达成里程碑 3 的过程中，负责营销的投资者变得更关键，其发挥的作用更大。

面对不同的里程碑，创业者需要衡量不同部门和投资者的贡献，并据此为其分配股权。在设置里程碑时，除了考虑公司未来规划，还应该考虑不同发展阶段对部门、员工、股东、投资者的希望和期待。

对于公司而言，每一个里程碑都代表着一份"心血"，都是一步一个脚印逐渐达成的。从本质上看，动态股权分配是在激发大家走正确的道路，发挥更大的积极性，同时给予各方"只要努力就可以获得"的等值回报。

在公司经营过程中，里程碑充当着"分水岭"的作用。如果掌握了设置

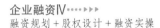
技巧，那么每达成一个里程碑就意味着公司进入一个全新的发展阶段。为适应新的发展阶段，对股权分配进行调整非常必要。一方面，有利于肯定大家的成就，激发团队的潜力；另一方面，可以促进整体效率的提升，推动最终愿景的实现。

8.3.3　如何根据里程碑进行股权设计

设置里程碑的目的是进行股权设计。只要有了合适的里程碑，创始人就应该立刻根据里程碑为股东分配股权。要做好这项工作，可以采取以下两种方法。

1. 固定切割法

固定切割法，就是当已经确定好的某个"里程碑"达成时，公司的某个或者某几个股东应该把部分股权拿出来"给大家分配"。例如，达成第一个里程碑之后，股东拿出 10% 的股权；达成第二个里程碑之后，股东拿出 10% 的股权；达成第三个里程碑之后，股东再拿出 10% 的股权……以此类推，直至股权分配完毕。

上面所说的"大家"主要是指在里程碑达成过程中做出实际贡献、付出一定努力的成员。如果是新加入的成员，而且没有为里程碑的达成发挥作用，则不可以参与股权分配。当然，等到设置了下一个里程碑以后，新加入的成员还是可以凭借自己的贡献和努力参与股权分配，并获得相应回报的。

2. 剩余比例切割法

在固定切割法中，如果里程碑顺利达成，股东"拿出来"的股权是不变的，而剩余比例切割法则有所不同，创始人需要预留一部分剩余股权，然后根据里程碑达成情况对这部分股权进行分配。

例如，将剩余股权看作一个"股权池"，这个"股权池"中有 20% 可以分配的股权。达成第一个里程碑后，分配这 20% 股权中的 10%（20%×10%=2%），此时还剩余 18% 的股权没有分配；达成第二个里程碑后，分配 18% 股权中的 10%（18%×10%=1.8%），此时还剩余 16.2% 的股权没有分配；达成第三个里程碑后，再分配 16.2% 股权中的 10%（16.2×10%=1.62%），此时还剩余 14.58% 的股权没有分配……以此类推，直至股权分配完毕。

使用剩余比例切割法虽然会让可以分配的股权越来越少，但因为公司本身处在快速发展阶段，所以每个人实际获得的回报以及收益是呈现上升趋势的。此外，当公司获得了丰富的利润以后，"股权池"中能够容纳的对象也会逐渐增多。这也就意味着，可以享受回报以及收益的人将越来越多。

8.4

动态股权模式之贡献值与贡献点

通过衡量投资者的贡献来明确股权比例是动态股权模式的常用方法。随着公司的不断发展，投资者所做的贡献也在发生变化，这就要求创业者对投资者的贡献值进行分析和判断，以便使投资者获得更公平公正的股权。

8.4.1 贡献值的核心是"业绩化"

公司是一个整体，投资者存在的理由是可以为公司做出贡献，并创造价值。当然，这也是公司需要引入投资者的重要原因之一。动态股权模式要求创始人准确衡量投资者的贡献，同时将贡献与价值融合在一起，形成贡献值，从而实现"业绩化"。

不同的投资者会做出不同的贡献，也会创造不同的价值，其获得的贡献值和股权也有一定差异。在动态股权分配的影响下，贡献值往往与股权直接挂钩，即根据每个投资者的贡献值来为其分配股权，以及进行股权比例的调整。

将投资者贡献值"业绩化"，简单来说就是要让贡献的大小能够定量计量。

例如，张鹏是一家公司的创始人，他为负责销售工作的投资者李明辉设置了这样的贡献值：做好销售工作。该贡献值不仅没有办法衡量，还很难判断是否已经达成。

确实，过了一段时间以后，张鹏去为李明辉计算贡献值。李明辉以销售工作正常运行为由要求张鹏把自己的贡献值计算为最高等级。但实际上，公司的销售额与之前相比不仅没有上升，反而下降了不少。不过，因为当时的贡献值不好衡量，所以张鹏只能按照李明辉的要求，将其贡献值计算为最高等级，导致公司遭受了不小的损失。

张鹏和李明辉对贡献值的分歧，原因就在于上述贡献值不好衡量，而且没有"业绩化"。如果张鹏将贡献值设置为"5月底完成100万元销售额"，那情况就会有很大不同。

可衡量的、"业绩化"的贡献值应该有明确的数据，该数据可以作为判断贡献值是否已经达成的依据。如果设置的贡献值没有办法衡量，就无法判断投资者的表现究竟是怎样的。对于投资者和公司来说，贡献值非常重要。一方面，可以为投资者顺利完成工作提供指导，从而提升其日常表现；另一方面，可以帮助公司准确计算贡献值，实现真正的公平公正。

8.4.2　切勿忽视贡献点的变现性

贡献点代表投资者为公司付出的资源，如资金、办公场地与设备、社交关系、商标权与著作权、技术专利等。这些资源往往具有变现性，否则很难让公司获得实实在在的利益。在实际操作中，为了充分发挥贡献点的变现性，创始人应该为贡献点设置"台阶"。

例如，销售利润每达到3000元计算一次，如果销售利润是1000元，则等到满3000元时再进行计算。这个"台阶"就是动态股权分配的"计算界限"。创始人也可以把某些差额看作"台阶"，例如，每出现5万元的差额就计算一次贡献值。

张明阳之前在一家公司做销售经理，每年的薪酬大约为20万元。他自己出来创业之后，同样担任销售经理，但是他每年只有 10 万元的薪酬，那么这减少的 10 万元就要计算在他的贡献值中。

对于初创公司来说，动态股权分配解决了股权比例难以计算的问题。因为投资者的股权比例是通过计算贡献值得出的。李鹏在公司成立后的 3 个月内获得了 4 万元贡献值，而所有投资者的总的贡献值为 20 万元。那么，按照常用的计算方法，李鹏的股权比例就是 20%（4 万元 /20 万元 ×100%），此时不需要去考虑公司的价值到底是多少。

章末总结

1. 在创业方面，鼓励创业者跳出框架，利用发散思维积极创新；在解决股权问题方面，支持创业者采取一些具有突破性的做法。例如，对于近几年非常受关注的动态股权模式，创业者就可以大胆尝试，将其引入自己的公司。

2. 要使用动态股权模式，创业者应该把股权分配这个环节推迟，不是在创业初期分配股权，而是等到固定时间节点（通常是里程碑事件达成时）再分配股权。

3. 在动态股权模式下，"优质股东"的股权会随着其为公司所做贡献的增加而增加，而"劣质股东"的股权则不会有任何变化，甚至其还会面临被清退的风险。

4. 很多时候，股东的股权是与其出资额挂钩的，但促进公司发展的要素除了资金以外，还包括劳动力、土地资源、信息、技术等。如果只根据出资额就把股权确定下来，很可能会为后续融资工作埋下隐患，这就需要创业者精准评估各类要素的价值。

5. 动态股权模式有两个核心，一是制定里程碑，二是衡量贡献值与贡献点。创业者只有掌握这两个核心，才能让动态股权模式真正发挥价值。

6. 动态股权模式更适合用于合伙人与合伙人、投资者与创业者之间的股权分配，目的是通过股权的公平公正分配来激励股东，为公司打造实力更强大的团队。

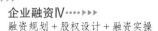
7.再好的动态股权模式，如果操作起来非常复杂，执行成本很高，那就难免会流于形式。从这个角度来看，创业者应该在复杂性和可操作性之间找到一个平衡点，确保动态股权模式能够真正地在公司内部执行到位。

8.在实施动态股权模式过程中，很多细节需要创业者考虑和落实，包括如何明确关键股东、如何制定战略目标、如何将贡献值"业绩化"等。

9.创业者最好把动态股权模式的相关条款写在公司章程里，使其具有法律效力。

下篇　融资实操

第9章

PR体系搭建：做融资必须得造势

很多创业者认为，PR就是不断对外宣传自己的项目有多好，尽可能多地在各平台上发布信息，想方设法为公司增加曝光度等。这些创业者把PR想得太简单了。很多时候，PR是一项连续、严谨、成体系的工作。做好这项工作，可以为公司带来更多资源，让公司稳步成长；但如果曲解了这项工作，则很可能会给融资带来反作用。

（9.1）

装修"门面"：提高线上知名度

在融资时，有些公司认为，只要公司的商业模式足够有竞争力、产品足够好、用户足够多、盈利能力足够强，那就不需要搭建 PR 体系。在"酒香也怕巷子深"的时代，这样的想法是不正确的，是缺乏基本商业常识的表现。

为了顺利完成融资，创业者应该使用 PR 策略，将公司和项目"装修"得更完美，从而进一步提高知名度。例如，创业者可以在百度上做 SEO 优化，也可以在知乎、今日头条、论坛等社交平台上发布相关内容，以实现公司和项目的更广泛传播。

9.1.1 在百度上做SEO优化：图片和视频

搜索引擎优化（Search Engine Optimization，SEO）是一种利用搜索引擎的搜索规则来提高公司在网站上排名的方式。详细地说，SEO 其实就是通过总结搜索引擎的搜索规则，对公司的排名进行合理优化，使更多在网站上搜索的人搜索到与公司相关的信息。

在融资过程中，SEO 也会发挥一定的作用，能够帮助公司解决流量问题。例如，公司可以在了解搜索引擎排名机制的基础上，对与公司相关的内部及外部因素进行调整，以帮助公司更频繁地出现在投资者面前。总之，SEO 可以在投资者搜索项目时提升项目在搜索引擎上的排名，让投资者率先看到项目，从而帮助公司获得更多流量。

搜索引擎排名通常与四类黄金关键词息息相关，即核心业务词、长尾词、地域词和竞品词，SEO 主要做的就是对这四类黄金关键词进行优化。此外，创业者要了解影响 SEO 流量成交的要素，如图 9-1 所示。

图 9-1　影响 SEO 流量成交的要素

1. 访问

当投资者用关键词进行搜索时，能看到很多与该关键词相关的网站，此时他会从中选择最符合自身需求的网站点击访问。公司需要将自己的优势和特点提炼为关键词，以便让有需求的投资者能够更简单、迅速地搜索到网站和项目信息。

2. 内容

搜索引擎理解的优质内容，就是真心对投资者有帮助且投资者浏览无障碍，没有误导性内容。创业者要想吸引投资者的关注，就要发布这样的内容给投资者看。

3. 匹配

投资者在搜索关键词时进入的页面与 URL（Uniform Resource Locator，统一资源定位器）应该是匹配的，即"所看即所需"。现在关键词匹配模式主要包括：短语匹配、精确匹配以及广泛匹配。初期，公司尽量不要大规模开展精确匹配，因为既烧钱也不容易出现特别好的效果。关键词匹配的最终目的是为公司带来流量，但我们也要懂得控制流量，门槛再低也不能接收无效流量。

4. 品牌

品牌是一种文化现象，其内涵来源于公司文化。SEO 对于品牌排名同样适用。

5. 成交

SEO 的目的主要是让投资者搜索到品牌线索，同时保证其访问体验极佳。

SEO 是一项技术性工作，需要相关人员以理性的 SEO 思维进行处理。在进行 SEO 之前，创业者本人也应该对 SEO 进行全面了解，找对方向。此外，创业者还应该建立一个战斗力极强的 SEO 团队，专门负责提升公司和项目在搜索引擎上的排名。

9.1.2　重视社交平台：知乎、今日头条、论坛等

移动互联网时代，社交平台逐渐崛起，吸引了一大批人。与此同时，人与人之间的社交关系也发生了极大变化，社交平台更是成为不少公司着重布局的板块。创业者应该多关注知乎、今日头条、论坛等社交平台，因为这些社交平台可以帮助创业者更好地与投资者建立社交关系，从而推动公司顺利完成融资。例如，公司可以在这些社交平台上发布项目进展，宣传自己的产品和品牌，让更多投资者看到这些信息。

对于公司来说，节假日是一个在社交平台投放内容的好时机。例如，情人节期间，有些公司会在社交平台推出各种各样的折扣，吸引人们消费，从而扩大品牌传播范围；五一期间，一些旅行公司会在社交平台上推出优惠活动，借助活动的力量不断加深投资者对其的印象。随着浏览内容的人越来越多，投资者关注到公司及其项目的可能性也会不断提升。

知乎是当下比较热门的社交平台，其目标群体偏向年轻化，大多是一些高学历的白领，且集中在消费能力偏高的一、二线城市。知乎的广告位分布在推荐页、问题页、回答页、关注页 4 个板块，而且流量质量高，用户都比较理性。因此，房产家居、金融、教育培训、旅游等行业的公司可以在知乎上投放

内容，以吸引对这些行业感兴趣的投资者。

今日头条也是比较不错的社交平台。它不仅是一款基于数据的推荐引擎产品，也是进行资讯类信息流广告投放的最大平台。它的算法比较成熟，支持关键词定向，可以快速锁定对项目感兴趣的投资者，比较适合理财、生活消费、游戏等行业的公司。

论坛是常用的免费投放内容的社交平台，其投放形式包括跟帖、发帖、回答问题等。但需要注意的是，该平台的用户对广告比较敏感，所以更适合通过产品测评、项目经验分享等软推广方式吸引投资者关注。

9.1.3 优化官方渠道：官网+微博+微信公众号

现在宣传项目的渠道越来越多，除了前文提到的社交平台，官方渠道也越来越受到创业者重视。现在比较常用的官方渠道主要包括官网、微博、微信公众号等。

1. 官网

官网是公司的另一张"脸"，记载着其发展概况和产品信息。设计优秀的官网能充分体现公司的内涵，增加投资者的好感度。那么，公司要如何设计官网呢？

第一，公司在规划官网时，要根据自身所处阶段进行版面安排，集中展现核心业务，着重推荐新业务，细化每个产品线的内容。

第二，虽然公司的业务有所不同，但官网的总体设计都是由标语（即slogan）、自身优势、产品简介等信息组成的。所以，公司要从优化视觉表现、突出营销策略、丰满产品线等方面入手设计官网，构建一个完善的官网框架，如图9-2所示。

当下很多创业者都有一个误区，认为现在是移动互联网时代，官网的价值非常有限。但实际上，一些有经验的投资者非常重视官网，也习惯于通过官网全面了解公司情况，以便做出更精准的投资决策。

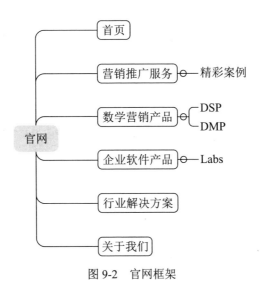

图 9-2　官网框架

2. 微博

微博移动端日活跃用户占比高达 91%，且内容形式包括博文、视频、图文等。微博基于用户属性和社交关系，可以精准地将内容传递给相应的人。也就是说，如果投资者经常在微博上浏览与某类项目相关的内容，而你手下恰好有这类项目，那微博很可能会将你发布的内容推荐给投资者。通常一些特色项目非常适合在微博上做内容投放。

3. 微信公众号

微信自从成为人们日常必备的沟通方式后，微信公众号也逐渐成为公司宣传项目的一个渠道。公众号的优势体现在内容精炼和极高的用户黏性。因此，公司可以通过公众号推送极具吸引力的高质量内容。

在公众号上发布内容，标题一定要有非常鲜明的特点，最好投资者一看标题就能知道大概内容是什么，这样才能激发他们阅读内容的欲望，从而增加点击率。

与此同时，"小尾巴"的设置也要重视，即每篇公众号文章末尾的品牌或产品介绍内容的分布要恰到好处，不要占据太大篇幅，否则很容易让被内容吸引进来的投资者产生被欺骗的感觉，从而影响其投资决策。

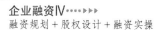
现在公众号还开放了评论区功能，人们可以在评论区表达自己的想法，提出自己的建议。如果评论引发了人们的激励讨论，很可能会刺激一部分投资者关注公司。当这些投资者对公司有了一定了解后，也许就会愿意为公司投资。

9.1.4　月蚀动漫：借PR策略融资数百万元

月蚀动漫成立于2017年，是一家动漫提供商，专门向女性提供作品。其提供的漫画包括原创动漫作品和漫改（网文改漫画）作品。目前，其已经上线了多部作品，受到了动漫界鼻祖快看漫画的青睐，并获得了多轮价值数百万元的融资。

月蚀动漫创始人贺小桐有丰富的动漫经营经验，也有比较强大的获取融资的能力。早在2017年，他就在各类平台上宣传《月沉吟》，受到了很多动漫迷的欢迎，也获得了快看漫画等投资者的关注。《月沉吟》仅上线一周，点击量就突破1亿，3个月内收藏超过百万。

后来为了推广作品《被我绑架的可爱男友》，贺小桐以此作品为核心打造了一段动漫短视频，并在抖音、快手、微视、微博等平台上发布。仅在抖音上，这个作品就获得了超过10万点赞，而且还为月蚀动漫带来了一大批粉丝。

目前月蚀动漫的团队不断壮大，已经拥有40多位成员，包含了编剧、三维建模师等多个职位。经历多轮融资后，月蚀动漫会继续走精品化路线，不断推出更高质量的作品。此外，月蚀动漫将重点把控题材选取工作，在题材多元化方面进行进一步探索。

9.2

媒体矩阵：让媒体为公司站台

媒体矩阵的核心是根据融资目标与需求建立起一个全面、系统的媒体布局，让媒体为公司站台。通常打造媒体矩阵的具体方式需要按照公司的实际情况来决定，例如有些创业者认识很多记者，就可以全方位布局，拜托这些记者在多个媒体上报道宣传公司。

9.2.1　媒体运作机制：与记者合作

在需要媒体报道时，很多创业者想到的第一件事就是寻求 PR 公司的帮助。但聘请 PR 公司需要花费一定的成本，有些创业者并不想花费这笔成本，此时他们就可以进行一些其他选择，例如打造媒体运作机制，请记者为公司做宣传。

在与记者合作的过程中，有些创业者因为记者报道了公司创办、公司融资等新闻就产生自满情绪。但很多时候，记者可能只报道了此类新闻，之后就不再对公司的其他新闻进行报道了。因此，创业者不能只关注记者报道新闻带来的短暂流量井喷期，而应该找到可以持续吸引记者关注的方法，与记者形成长久、稳定的关系。

例如，创业者可以主动为记者提供一些新闻信息源，或者为他们举办专门的记者招待晚宴，帮助他们结识更多专家。这样既有利于提高公司的媒体曝光率，同时还能帮助创业者积累社交资源。当然，创业者后续也可以让记者提供一些 PR 建议。

张伟是一家公司的创始人，近期需要开展 PR 工作。他想在某杂志上发表一篇文章，将自己的创业经历呈现在合适的投资者面前。于是，他在网上搜索了这家杂志，顺利与该杂志的记者取得了联系，并邀请记者共进午餐。

在之后的一段时间里，张伟一直和该记者保持联系，该记者帮助他在杂志上发表了 9 篇关于他公司的文章。最终，他成功获得了 500 万元融资，公司的发展蒸蒸日上。

可见，与记者建立良好的关系非常重要，可以帮助创业者尽快找到合适的投资者。

9.2.2　如何识别合适的媒体

随着互联网的发展，各式各样的媒体不断增多，其权威性良莠不齐。如果创业者将内容发布在不靠谱的媒体上，不仅不利于融资，还会影响公司在投资者心中的形象和地位。因此，在开展 PR 工作时，创业者最需要做的一件事情就是对媒体的综合情况进行考量，选择合适的媒体发布内容，具体可以从以下几个方面入手，如图 9-3 所示。

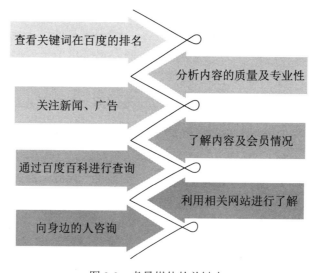

图 9-3　考量媒体的关键点

1. 查看关键词在百度的排名

搜索与媒体相关的关键词，在大多数情况下，权威性比较强的媒体都会排在靠前的位置。在搜索关键词后，创业者可以查看一下媒体的排名，如果排名比较靠前，那就说明其具备一定的权威性，创业者就可以放心地把内容发布在该媒体上面。

2. 分析内容的质量及专业性

一个具备权威性的媒体通常也比较专业，其发布的内容有非常高的质量，表现为逻辑清晰、排版工整、用图规范等。相反，如果一个媒体发布的是质量极低的内容，而且还存在复制、抄袭现象，那这个媒体就很有问题，其权威性往往不强。

3. 关注新闻、广告

一般权威性比较强的媒体，经济实力也不会太差，可以拿出一部分资金来做广告。这也就表示，如果创业者可以在网上看到某媒体的广告，那该媒体的权威性应该有一定的保障。此外，如果该媒体与明星有合作，例如邀请明星代言、让明星参与活动等，那也可以说明该媒体具有相应的专业性和影响力。

4. 了解内容及会员情况

如果一个媒体足够有实力，那这个媒体的内容更新速度会很快，会员活跃度也会很高。以我们非常熟悉的今日头条、搜狐、新浪为例，这些媒体的内容就更新得非常快。如果某媒体经常不更新内容，会员数量很少，那它显然不太适合作为发布内容的平台。

5. 通过百度百科进行查询

一般实力比较强的媒体，都会在百度百科上建立词条。创业者可以借助词条的介绍和浏览量来考量媒体的权威性。小媒体很可能没有自己的词条，即使有浏览量也不会特别多。而那些大媒体不仅会有非常详细的词条，还会有很高的浏览量。

6. 利用相关网站进行了解

百度搜索、百度知道、新浪微博、百度新闻、论坛等都是了解媒体的渠道。如果某媒体没有问题，也不存在虚假信息，那这个媒体在上述渠道的评价就不会太差，甚至还会有很多好评。

7. 向身边的人咨询

如果媒体具备足够的专业性，而且知名度也比较高，那身边的人也会对其有所了解。所以，创业者要是无法判断某个媒体是否靠谱，不妨向身边的人咨询一下，然后再结合自己的经验得出最终结果。

有些创业者为了宣传项目、尽快获得融资，会邀请很多媒体发布内容，根本不关心媒体的实力和权威性。这样是不对的，一方面会让整个 PR 团队处于高度繁忙的状态，从而降低工作效率；另一方面会对公司形象产生很大影响，甚至失去投资者的信任。

9.2.3 纸质媒体VS在线媒体VS自媒体

现在媒体有很多种，包括纸质媒体、在线媒体、自媒体。创业者不一定要将这些媒体全部纳入媒体宣传矩阵，而应该根据公司实际情况进行选择和取舍。

1. 纸质媒体（报纸、杂志等以纸张为载体的媒体）

纸媒有丰富的人力、物力、资金等资源，而且从办公环境、硬件设施，到编辑团队、采访团队，再到上下游的印刷公司、校对机构、排版公司，都是在线媒体和自媒体难以企及的。因此，一些有阅历的社会高层人士只关注纸媒，其中就包括一些知名投资机构的领导者。

例如，人人网 CEO 陈一舟就喜欢和纸媒打交道，有时会在纸媒上印自己和公司的名字，从而提升自己和公司的影响力。当然，随着技术的不断进步，一些纸媒积极转型升级，除了在线下发布文章以外，还会在网上同步发布文章，以巩固自己的市场地位。

2. 在线媒体（以电脑、手机、iPad 等为载体的媒体）

在线媒体也称网媒，在 PR 方面有一定的优势。例如，传播范围广，很多投资者都可以看到；内容多样化，可以在文章中随便插入音频、视频、图片、超链接等内容；成本低，除了人力成本、域名等费用，几乎不需要其他花销；保存时间长，只要公司不删除文章、搜索引擎不屏蔽文章，投资者就可以永久性看到文章等。创业者可以根据网媒的这些优势，选择自己是否需要借助该渠道发布内容，以达到宣传公司和项目的目的。

3.自媒体（由个人打造的媒体）

从 papi 酱、吴晓波、一条等知名自媒体受到关注开始，自媒体便迅速崛起，成为与纸媒、网媒并列的媒体。例如，一些互联网大会除了邀请中华网、微媒体以外，还会邀请一些自媒体以演讲嘉宾身份参加，包括搜狐 IT 主编、微博大 V 等。

格力董事长董明珠就有专属自媒体，涉及公众号、微博、今日头条等多个平台。"董明珠自媒体"自上线以来就成为董明珠宣传自己和格力的重要阵地，会定期发布她参与的社会活动以及对直播带货等时下热点的看法，也会发布一些她的日常生活照片。

董明珠自媒体完善了董明珠的个人形象，弘扬了格力的品牌理念。通过董明珠的自媒体，投资者能够看到董明珠的个人魅力，也可以感受到格力的未来发展前景。

现在媒体行业越来越开放，创业者越快打造出自己的媒体矩阵，公司就可以越快被更多媒体报道，报道的可信度对于投资者来说也就越高。

9.3
创始人 IP：为领导树立个人品牌

在融资过程中，具有个人品牌的创业者往往更容易获得成功。融资在一定程度上是基于信任而产生的，具有个人品牌的创业者往往更容易获得投资者的信任。因此，创业者可以从演讲稿、采访等方面入手，为自己树立个人品牌，赋予自己一个值得信任的 IP。

9.3.1　演讲稿：获得融资的敲门砖

对雷军有了解的人应该知道，他演讲时几乎没有演讲稿，都是天马行空一气呵成，有时还可以出现"Are you OK（你还好吗）"等经典语句。毋庸置疑，雷军的口才并非常人所能及，所以如果是缺乏演讲经验的创业者做演讲，为了保险起见还是提前准备好演讲稿。

综合来看，拿着演讲稿做演讲有以下几点优势。

（1）有演讲稿的演讲最常见，会给人们一种严谨、正式的感觉。

（2）天马行空、一气呵成的演讲虽然很流畅，也可以出现一些经典语句，但不可否认的是，在新媒体时代，很多内容可能会被恶意解读，并在网上传播。这样无论是对创业者的个人形象还是公司的品牌口碑来说，都是非常不利的。如果有演讲稿，创业者就可以提前规避有争议的言辞，从而保证自己的演讲合理、严谨。

（3）准备演讲稿可以显示对与会者的尊重。

（4）有些创业者每年要参加上百场演讲，如果没有演讲稿，难免会有说不出话的情况。虽然有了演讲稿就可以照着念，但为了让演讲更有吸引力，创业者还是应该自己写演讲稿，并在演讲前多读几次，防止在正式演讲时出现纰漏。

机会都是留给有准备的人的，创业者提前把演讲稿写好，就有更多获得投资人支持的机会。一份好的演讲稿关键是要走心，即必须让听的人感受到真诚。这样的演讲稿才可以为创业者及其公司带来知名度和影响力上的提升。

9.3.2　找媒体做采访：进行周密准备

创业浪潮席卷全国，需要融资的公司不计其数，投资者手里的商业计划书更是多如牛毛。在这样的市场环境下，创业者要想吸引投资者的注意，就必须具备传递信息的能力。采访无疑是帮助创业者传递信息的有效渠道之一。

通常创业者在接受采访后，网上会出现一大批采访稿。为了让记者有东西可写，同时也为了向投资者传递更多信息，从而进一步宣传公司，创业者必须注意尽量多地输出积极正向的信息，而不能将重点放在那些不太重要的信息上。

创业者张岚曾经接受纽约时报专栏记者的采访，此次采访不仅充分展现了她的好口才、高情商，也让人们对她增添了一份敬仰之情。在采访中，记者向她问道："对于你们公司的商业模式，我想大部分人可能不太理解。同类公司好像是重资产型的商业模式，它们购买飞机、想拥有整个供应链；而你们公司似乎并不想自营仓库，也不想自营物流体系。你觉得是你们公司的做法正确，还是同类公司的做法正确？"

面对这样刁钻的问题，很多创业者可能会不知所措，无法给出一个合适的回答。而张岚则表现得非常淡定，用与众不同的方式告诉记者，为什么自己的公司可以发展得如此迅速，并获得广大消费者的喜爱。

首先，张岚回答道："我希望双方都是正确的，因为现在不是只有一种商业模式。如果世界上真的只有一种'正确'的商业模式，那会是非常乏味的。世界需要各种各样的商业模式，为某种商业模式而努力的公司必须相信这种模式。"这段话与"条条大路通罗马"有异曲同工之妙，表示并不是所有同类公司都要使用一样的商业模式。

紧接着张岚又进行反击："我希望可以打造一个生态系统，全方位赋能上下游，帮助上下游更好地完成销售、服务等工作，确保上下游能够比我们公司更有力量。而且，我要确保我们公司的伙伴能够因为我们公司的科技和创新，而拥有与巨头竞争的力量。"这段话想要表达的是，张岚希望自己可以帮助我国打造出千千万万个有竞争力的公司。

最后，张岚又说："我相信通过互联网、人工智能、物联网等技术的进步，越来越多公司将拥有极强的竞争力。我们公司唯一要做的是赋能这些公司，确保这些公司能够高效运作，并获得丰厚的盈利，雇佣更多劳动力。"这段话阐明了我国的技术能力在不断提高，也体现了张岚的格局和前瞻性，既提升了公司形象，又赞美了我国的技术能力，一举两得。

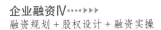

在此次采访中，张岚的回答天衣无缝，值得创业者学习和研究。采访完成后，网上出现的大量采访稿更是呈现出一边倒现象，全部都在为张岚的口才和情商点赞。

可见，在接受采访时，创业者必须注重自己的形象，要做到从容不迫、机智应对。

9.3.3　迎接投资者的实地考察

在正式投资前，有些投资者为了让自己的投资决策更精准，会选择去公司进行实地考察。既然这些投资者有实地考察的需求，创业者就应该想方设法满足他们的需求，做好准备迎接投资者的实地考察。举例来说，如果投资者想了解公司的生产工厂，那么创业者就应该告知投资者工厂的详细地址。与此同时，创业者也要配合投资者进行现场审核，从而确保实际运营地址与证照地址是一致的。

厦门某公司曾经通过复印技术编纂证照，还在香港联交所申请上市。结果在即将发行股票时，有人举报该公司并不存在。香港联交所的调查人员到厦门核查，发现果真如此。原来，该公司提供的所有证照都是打印出来的，之所以出现这样荒诞的事情，就是由于没有重视实地考察。

在进行实地考察时，除了对比实物与证照，投资者还会关注以下细节，创业者需要据此做好准备。

（1）办公环境很重要，公司尽量不要选择格子间式的办公环境。在投资者看来，员工之间不能看见对方，工作起来一定没有效率。

（2）洗手间、休息室、会议室、待客厅等要干净、卫生。曾经有家公司因为洗手间脏乱差，地上布满了黑黑的脚印，马桶上还有污渍，引发投资者强烈不满。后来虽然创业者多次与投资者沟通，投资者依然拒绝为该公司投资。

（3）老板的办公室要合理。有的老板喜欢自己有一间办公室，这是可以的。但还是要看团队规模，如果是10人左右的团队，大家要及时交流信息，老板也要知道员工每天都在干什么，此时老板就可以选择一间面积比较小，最好是用有玻璃门的房间作为办公室。

（4）工作氛围很关键。如果员工只顾埋头工作，谁也不理谁，那么公司的工作氛围就会非常压抑，从而影响员工的身心健康和工作状态。

对于创业者来说，提前为投资者实地考察公司做准备非常重要，但更重要的是平时就重视内部管理，把奋斗精神、团队建设、文化理念融合到员工的日常工作中。这样才可以更从容地应对投资者的实地考察，让投资者对公司有更深刻的印象。

9.4

超级路演之道：快速打动投资者

要想获得融资，创业者可以通过多种途径寻求和投资者见面的机会，路演就是其中非常重要的一个途径。对于创业者来说，路演能够让投资者对项目印象深刻，并产生深入了解项目的想法，从而在融资过程中节省很多时间和精力。那么，创业者应该如何做一场让投资者无法拒绝的路演呢？本章就来为大家解决这个问题。

9.4.1　路演离不开"5W1H"

要举办活动，首先得去策划，路演也不例外。在实际操作时，创业者可以通过"5W1H"分析法对路演进行策划。

1. Why（为什么，即路演目的）

通俗地说，就是创业者因为什么才想做路演。这个问题很好回答，当然是因为要宣传项目，获得投资者的投资。但对于公司来说，不同轮次的融资应该有不同的重点，例如，针对天使轮融资，路演的重点应该是介绍产品；而如果是 C 轮融资，路演的重点就应该是介绍公司的运营现状和发展前景，同时让投资者知道公司的市场竞争力。

2. What（要干什么，即路演主题）

路演主题是路演精华的呈现，即通过简短的表达，把路演内容直白地告诉投资者。大多数路演都是以介绍商业计划书、与投资者就相关问题进行讨论等为主题的。

3. Who（谁，即路演对象）

如果创业者没有想过路演是对谁做的，那么这个路演很可能会失败。当明确了参与路演的投资者是谁，并掌握这些投资者的兴趣点后，路演就可以有不错的效果。

4. Where（在哪里，即路演地点）

之前的路演大多在线下，而随着新冠肺炎疫情防控的需要，现在的路演也可以在线上进行。例如，创业者和投资者可以通过视频会议的形式进行路演，双方在线上对商业计划书的某些细节进行确认和商议。

5. When（什么时候，即路演时间）

对于如何选择路演时间这个问题，通常是投资者掌握主动权，提前通知创业者。当然，也可以由创业者自行选择，投资者按时参加。

6. How（怎么干，即路演方式）

路演方式和路演对象、路演地点都有关系。例如，投资者的年龄、兴趣、偏好，会影响路演方式，创业者要选择符合他们的路演方式。在路演地点方面，如果是在线下路演，那么创业者可以将路演环节设计得全面一些，而如果是在线上做路演，则可以一切从简。

对于创业者来说，参加路演并介绍项目已经是家常便饭，掌握"5W1H"分析法会使他们在路演时更加游刃有余，在投资者面前大显身手。

9.4.2　路演过程中的3个"绊脚石"

做一场成功的路演要靠努力还是靠技巧？两者其实不矛盾：努力是为了避免创业者在路演失败后感到后悔，而技巧则是为了提升路演的成功率。如果没有技巧助力，创业者很容易被路演过程中的"绊脚石"绊倒，从而路演失败。

（1）对于创业者来说，路演的第一个"绊脚石"是面面俱到。创业者都想在路演时介绍商业计划书的全部内容，这种做法其实并不高明。创业者应该分清主次，非主要内容只需要用一两句话介绍即可，而主要内容则可以多用一些时间介绍。

（2）路演的第二个"绊脚石"是带不相关的人参加。在不提前与投资者沟通的前提下带其他人一起做路演，是不尊重对方的表现。例如，有些创业者在路演时，会带上天使轮投资者，这其实反映了一个问题：创业者本人对投资并不了解。除非天使轮投资者是项目的介绍人和推荐者，否则是不合适参加路演的。

当然，如果创业者为了让自己更有底气，也可以和其他人一起路演，但必须注意你们之间的默契。例如，某创业者带着自己的合伙人路演，但他们在很多问题上没有达成一致意见，大家"你一言，他一语"，最后甚至争吵起来。这样会让投资者感觉不好，甚至会给投资者留下团队不够和谐的印象。

（3）路演的第三个"绊脚石"是全程读PPT，忽视更有价值的内容。创业者在紧张时可能会把注意力全部放到PPT上，导致除了PPT以外，说不出其他更有价值的内容。如果出现这种情况，创业者不妨留出一部分时间让投资者提问题。

另外需要注意的是，创业者不能过多地使用专业术语。每个投资者都有自己擅长和不擅长的领域，使用大量专业术语会阻碍投资者了解项目，从而影响其投资决策。

9.4.3　掌控节奏，让路演更成功

创业者要想完成一次精彩的路演，不仅要踢开"绊脚石"，还要在路演

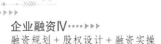

时精准掌控节奏。具体可以从以下 3 个方面着手。

1. 灵活运用肢体语言

安世亚太创始人张国明的路演有与众不同的魅力，即使关掉声音，其肢体动作仍然可以吸引投资者的目光。他在介绍项目时很少原地不动，而是在台上踱步。即使需要坐在椅子上完成介绍，他也会不断指点、挥舞、打手势。这样不仅可以更好地突出其观点，还可以进一步强化语言的表达效果。例如，他会借助手部动作来讲述自己不太了解的事情，会用摊手的姿势来表明自己不精通花言巧语，会通过握拳来展示自己的决心和信心。

2. 对重要信息进行重复

除了肢体语言，张国明也精通重复的技巧。例如，在讲述营销策略时，他多次提及"最好的产品总是那些被用户认可和多次使用的产品"。这样的重复并不多余，通过各种各样的方式对某些信息进行重复，可以让投资者充分感受到其重要性，同时也有利于为投资者留出消化其意义的时间。

3. 适度体现幽默

张国明是一个比较有幽默感的人。例如，他特别喜欢用自己的短处开玩笑，总是强调自己不了解技术，自己并不聪明，有时还会对自己的长相进行调侃。当然，自嘲也是幽默的一种，该做法不仅有利于吸引投资者的注意力，还可以拉近与投资者之间的距离，使投资者在路演过程中感到轻松愉悦。

但要注意，过度幽默会带来一些不好的作用，很可能会让投资者把创业者当成喜剧演员。因此，在路演时，体现幽默可以，但一定要适度，否则会产生反效果。

9.4.4　小米：将视频融入路演过程

小米一直很受投资者的欢迎，除了与小米的发展前景好有关以外，还得益于小米精通路演之道。小米曾经推出了一部主题为"一团火"的内部纪录片，该纪录片主要展示了小米的创业故事，内容涵盖低价手机对行业产生冲击、小米迎来发展转机等事件。

一个大约 30 分钟的视频就这样展示在投资者和广大用户面前，这是小米对视频的重视，也意味着小米紧跟时代，愿意尝试融入视频的新型路演方式。视频路演以视频为载体，把小米想表达的内容通过视频的方式向投资者展现出来，具有以下几点优势。

1. 视频路演让品牌更强大

与文字、PPT、图片等相比，视频可以更立体、多维度地展现品牌精神和品牌形象，让投资者对品牌有深刻的理解。小米把自己的发展历程整理成视频，向投资者传播，有利于更全面地宣传其自身口碑，促使投资者做出正向的投资决策。

2. 视频路演让渠道更广

视频除了可以让投资者观看，也可以发布在抖音、爱奇艺、优酷等视频平台上，让人们转发、点赞、评论。这样就相当于小米获得了更广泛的传播，聚集了更多流量。

3. 视频路演让互动更多

视频从多个维度展示品牌，可以让创业者和投资者互动的场景也比较多。例如，雷军可以针对视频的内容让投资者提问，打消投资者的疑虑。

总之，视频是一个很实用的路演利器。小米通过"一团火"这个内部纪录片，完成了一次成功的视频路演，符合投资者接受信息的规律，其他公司可以学习借鉴。

章末总结

1. 传统意义上的 PR 是市场营销学里的 PR，但现在融资也需要 PR。做好PR，可以提前至少 6 个月让公司具备知名度，使公司先于竞争对手完成融资。

2. 现在很多创业者不重视 PR，认为只有当公司具备一定的规模后才需要做 PR。这种想法对公司的未来发展无疑是不利的。

3. 让投资者了解项目和公司的渠道有很多，但每种渠道都有相应的不确定性。在融资时，创业者要做的就是选择最佳渠道，如搭建媒体矩阵、打造创始人 IP、做路演等。

4. 公司做融资，其实是在和时间赛跑，创业者需要通过合适的 PR 策略将融资进程加快。处于不同赛道和不同发展阶段的公司，使用的 PR 策略也应该不同。

5. PR 最重要的意义是帮助公司树立品牌形象。如果你需要融资，那就借助 PR 将品牌推广出去，让投资者知道你是有实力的。在这个过程中，PR 一定要回归本质，适时适度。

6. 创业者可以通过媒体或其他自有渠道进一步传播融资信息，例如在朋友圈、微博、知乎、简书、Medium、Twitter、Facebook 等平台上发布内容，扩大融资信息的覆盖面。

7. 很多记者对融资信息非常感兴趣，创业者应该与那些专注于报道公司所处领域的记者，以及专门负责融资新闻报道的记者搞好关系，让他们帮助宣传公司和项目。

8. 在投（融）资界，打造创始人 IP 似乎已经成为潮流，高瓴资本的张磊、红杉资本的沈南鹏等都是这方面的代表人物。当创始人 IP 和项目、公司、团队实现了完美融合后，越来越多投资者便会闻声而来，融资就会越来越顺利，这是一个无限正循环。

9. 路演是创业者对接投资者的重要途径，创业者介绍的内容能否打动投资者，在很大程度上决定了融资能否成功。路演通常是有一定技巧和规律可以遵循的，创业者除了要做好策划工作，还要精准掌控节奏，与投资者建立情感连接，激发其共鸣。

第10章

投资者筛选：选定你的"命中贵人"

在竞争越来越激烈的情况下，与和自己匹配的投资者合作已经成为公司的生存之道。现在是对创业者要求非常高的时代，如果创业者不能谨慎筛选投资者，找出自己的"命中贵人"，那就很可能导致融资失败，进而影响公司的经营和发展。

(10.1)
去哪里寻找合适的投资者

创业者必须弄清楚自己应该到哪里寻找投资者，选择一个适合自己的渠道，更高效地与投资者取得联系。

10.1.1　从社交圈入手

对于创业者来说，从自己的社交圈入手寻找投资者通常是最快、最省力，也是最可能成功的寻找投资者的途径。无论什么时候，投资者都更愿意投资自己家人、朋友的项目，或者由家人、朋友引荐的项目。因为这里面包含了亲情、友情，以及具有巨大价值的信用背书。

找家人、朋友融资在早期并不困难，因为他们爱你、信任你。他们虽然不会像专业投资者那样要求你有精练的商业模式与准确的财务报表，但他们也希望尽可能多地知晓一些关于项目的事情。以下是创业者在找家人、朋友融资时需要注意的6个重点问题。

（1）不要害怕开口要钱，但说话要注意分寸。

（2）要乐观，要表现出尊敬。

（3）演示你的创业进度和取得的成果。

（4）不要指望筹到很多资金，只需筹到维持创业所需的钱即可。

（5）要沟通风险，签署协议。

（6）一直展示增量价值。

总之，从家人、朋友那里融资会简单许多，但切忌把家人、朋友当作唯一的创业融资来源，专业的天使投资者也可以成为第一笔融资来源。

2021 年中国天使投资者 TOP30 榜单如表 10-1 所示，此榜单中的天使投资者都可以作为创业者融资的对象。

表 10-1 创业者融资对象（排名不分先后）

序　号	2021 年中国天使投资者 TOP30 榜单	所属投资机构
1	方爱之	真格基金
2	陈维广	蓝驰创投
3	黄明明	明势资本
4	吴世春	梅花创投
5	李丰	峰瑞资本
6	王啸	九合创投
7	元野	策源创投
8	李开复	创新工场
9	王明耀	联想之星
10	米磊	中科创星
11	费建江	元禾原点
12	毛丞宇	云启资本
13	李竹	英诺天使基金
14	徐诗	山行资本
15	陈向明	银杏谷资本
16	王梦秋	清流资本
17	赵阳	险峰 K2VC
18	黄昕	凯风创投
19	祁玉伟	接力基金
20	董占斌	青松基金
21	熊钢	澳银资本
22	艾民	大米创投
23	李剑威	真成投资
24	曾李青	德迅投资
25	王淮	线性资本
26	杨光	耀途资本
27	王东晖	阿米巴资本
28	张野	青山资本

续表

序　号	2021 年中国天使投资者 TOP30 榜单	所属投资机构
29	陈军	紫金港资本
30	刘博	启迪之星创投

创业者可以仔细研究上述天使投资者的背景和投资历史。如果发现合拍的天使投资者，可将其重点圈出来，并有策略地与其进行接触，直至找到最终愿意投资的天使投资者。

10.1.2　随时浏览融资平台

如果创业者的社交圈比较窄，无法从中找到合适的投资者，就可以将项目放到免费的融资平台上吸引投资者。但需要注意的是，将项目放到融资平台上后，创业者需要做好营销。营销方式有很多种，如病毒式营销、媒体采访等。

例如，快看漫画 App 的创始人陈安妮曾经依靠文章《对不起，我只过 1%的生活》刷爆朋友圈，并且获得了近 10 万的种子用户。正所谓"谋事在人，成事在天"，如果有能力做营销，我们一定要试一试。

另外，走传统道路也是接触投资者的途径。例如，将项目发布在虎嗅、创业邦等平台上。这些平台的曝光量是非常大的，或许会有投资者看到你的项目，并且愿意投资。

营销方式多种多样，如果我们多多尝试，或许会有意想不到的结果。无论是使用融资平台，还是采取各种各样的营销方式，目的都一样，那就是找到适合自己的投资者。通常使用的营销方式越多，涉及的范围越广，找到投资者的概率就越大。

10.1.3　发挥社交媒体的力量

现在社交媒体的应用范围越来越广，有些创业者甚至可以通过微博、抖音、今日头条等平台找到自己心仪的投资者。创业者可以在这些平台上向投资者发送私信，但一定要把握好度，不能搞信息轰炸，否则对方很可能因为感觉被骚扰而产生厌烦情绪。

另外，在发私信给投资者时，创业者应该编辑好内容，将公司和项目的大致情况介绍一下；而且还要让投资者知道，这些内容是专门发送给他的，并不是统一的模板。当然，创业者也可以直接将商业计划书私信给投资者，前提是商业计划书的质量足够高。

创业者也可以利用微信、QQ 等比较私密的社交软件。当然，这需要创业者具备较为丰富的社交资源。例如，电影《西游记之大圣归来》就是依靠微信拿到了 780 万元资金，才得以顺利发行并获得高票房的。

在上映之前，《西游记之大圣归来》已经筹备了 8 年左右时间，团队压力非常大。电影出品人路伟表示，如果按照"老套路"运作，票房最多不过 1 亿元。在这种情况下，路伟决定在微信朋友圈发消息为《西游记之大圣归来》众筹融资。他讲明《西游记之大圣归来》是一部动画电影，制作精良，而且还做出了"保底分红"的果断决策。

路伟发了朋友圈之后，当天就有数十位朋友加入"大圣电影众筹"微信群，募集到的资金超过 500 万元。一个星期后，路伟共募集到 780 万元，有近百名投资者参与。

路伟通过微信为《西游记之大圣归来》项目融资，其成功的原因有一部分来自众人对项目和他本人的信任。这说明，如果你在业内有一定的名气或者影响力，也拥有丰富的社交资源，那就可以借助社交媒体寻找投资者。

10.2

创业者眼中的最佳投资者

很多时候，融资是创业者与投资者相互选择的过程。投资者在选择创业

者时，会关注创业者的综合实力及项目的质量；创业者在选择投资者时，不仅会看投资者给的资金有多少，还会看投资者是否具有勤奋、专业、热爱工作等素质。

10.2.1 勤奋——非常珍贵的品质

很多人应该都听说过这样一句话："世界上最可怕的事是，比你优秀的人还比你勤奋。"有些投资者希望通过自己的勤奋获得更高的回报，也希望自己可以努力变得比其他投资者更优秀一些。对于创业者来说，这样的投资者是极具价值的合作伙伴。

著名风险投资者童士豪精准掌握并善用时间的品质在业内是出名的。在中国和美国市场之间跨越，他从来不需要调整时差。无论他身在中国还是美国，工作人员都能深夜收到他的工作邮件。他的助理也总是要绞尽脑汁才能从他的行程表里挤出一点时间应对突发事件。

互联网垂直招聘网站的联合创始人童小侃与童士豪是斯坦福大学校友。童小侃评价："童士豪是个著名的工作狂，一天只睡 3 个小时，经常开会到大半夜，然后在酒店游个泳，睡两三个小时之后继续开晨会。"

童士豪深夜工作的情况大家都见怪不怪了。有一次大家在酒店开会，从下午开到晚上十点多才散会，参会的人都已经精疲力竭，准备休息了，而童士豪和另一位风险投资者李宏玮继续精力充沛地投入到下一个和创业者的会议中。

李宏玮是业内顶尖的女性投资者，曾登上福布斯全球最佳风险投资者排行榜。她经常晚上坐飞机，第二天早晨精神饱满地参加会议。

当下创投圈里，创业者对资本的争夺异常激烈，而投资者对早期优质项目的争夺也越来越激烈。加上 BAT 等巨头公司的战略投资布局，投资者开始将投资阶段前移。在这种情况下，投资者们付出越来越多的时间和精力，希望争取到更优质的早期创业项目。

顶尖投资者可以深夜十一二点出来和创业者见面。作为创业者，你可以想一下，你所遇到的投资者是否做到了这一点？如果能够做到，说明他具有勤奋的品质，可以加入你的潜在投资者名单。

10.2.2 对行业有自己独特的看法

行业是风云变幻的，投资者只有掌握更多知识，了解更多规律，对行业形成自己独特的看法，才能真正为创业者提供帮助。要看投资者是不是对行业有深入了解，创业者需要与他们沟通，向他们请教问题，通过他们的回答判断他们是否真的有能力。

例如，当你问投资者"您平时关注哪些领域"时，大多数投资者的回答听起来都很机智：移动互联网、物联网、大数据、智能硬件，我都关注。总之，他们的回答会尽可能地笼统，以防止自己错失了好项目。这个回答对投资者是有利的，但对创业者就不那么实在了。

众多实例证明，足够专业的投资者，会对行业有深入的研究，让你看到他想要投资的诚意。如果是大型投资机构，我们可以从组织机构上看出其是不是专业。一些投资机构有专属的市场营销部门，还有专门负责处理外部信息和各种投资组合的部门。

对于创业者来说，投资机构中处理外部信息的部门可以帮助创业者搞定新闻发稿等工作；而那些处理投资组合的部门则对行业有更深入的了解，可以帮助创业者优化公司各个部门之间的组合，使它们互相促进、共同提升。所以，在遇到这种优秀的投资机构时，创业者要把握住机会。

10.2.3 热爱投资工作，时刻充满激情

一个人如果无法热爱自己正在做的工作，那就很难将工作做到满分，尤其像投资这种非常考验人性、智力、实践经验的工作，要是投资者缺少发自内心的热爱，便不太可能用心对项目进行长期的跟踪和分析，更无法真正为公司排忧解难。

优秀投资者之所以优秀，是因为他们热爱投资工作。投（融）资圈是一个需要热情的圈子，但每位投资人参与投资的热情点也许都不太一样。

AA 投资创始人王浩泽曾经说过："做天使投资是很苦、很累的一件事，那为什么我们还愿意去做这样的事呢？收益是肯定会考虑的，还有很核心的一点：源于热爱。做投资对于我而言，其实不是一份工作，而是一个爱好。之前我自己做过很多事，只有投资这件事让我充满了热爱。每个项目、每个行业对我来说都有着足够的新鲜感。每投资一个项目，当它有了第一个种子用户、有了收入、有了后续融资时，就像自己的孩子一样，我是看着公司成长的，这个过程可以让我有非常强烈的成就感。"

AA 投资参与投资了很多天使轮的技术创新驱动的数字新媒体项目，如云账房、兜行、DailyCast 等。AA 投资之所以选中了这些投资项目，是因为他们认为这些项目能够改变行业，并带给他们成就感。他们投资云账房是看中未来机器人有机会替代人工；他们投资兜行是看中项目在公司培训学习方面带来的新思路，有助于"90 后"员工快速融入公司文化；他们投资 DailyCast 是希望给用户带来快乐。

如果创业者可以遇上一个真心热爱投资行业，而不是单纯为了拿投资回报而投资的投资者，那么一定要抓住机会，争取拿到他的投资。

10.2.4 有很强的抗压和抗风险能力

投资过程中的压力和风险是不可避免的，如果投资者因为压力过大或风险过高就放弃投资，那么反倒是本末倒置了。优秀的投资者往往具有很强的抗压和抗风险能力，能够应对各种各样的突发情况。

投资者的最终目的是获利，但真正在每年年终盘点时盈利的投资者并不多。因此，投资者需要常常自我反省。投资前，投资者首先应该考虑的不是能赚多少钱，而是能保证成本。投资者要明确自己能够承担的最高亏损比例、最大金额是多少。

不是任何人都能够承担投资失败的风险。投资者必须具备一定的风险控制能力与手段，投资者可以考虑这样几个问题：如果投资项目发展不好致使出现亏损时，会不会对自己造成致命打击？在优质项目缺乏的时候，能否耐心等待好的项目诞生？自己的投资标准与习惯有没有不恰当之处？自己有没有时常反思，通过总结经验教训及时改正错误的习惯？

如果投资者没有一套成熟的投资模式，并且风险控制能力不强，投资股权就可能造成重大损失，不如将资金存到银行得到稳定的微薄利息更划算。

投资者不能只看片面，而应当从全局考虑做出财务规划，最重要的是要考虑情况最坏时自己是否能够承担风险。信诚基金管理公司董事、英国保诚集团大中华区投资基金总裁曹幼非称："如果一般美国人家庭收入不高，或者失业的话，要考虑还可以撑多久，毕竟这世界的变数很多。所以当您被迫卖房时，您要考虑最大的亏损是多少；如果失业机会大的话，就要考虑现有的存款可否让您撑过这一段工作中断期。"

对于投资者来说，投资一个成功的项目可能盈利投资额的几十甚至几百倍，但在失败的情况下就会损失全部。所以投资者一定要考虑最坏的情况，做最坏的打算。创业者之所以对大型风险投资机构情有独钟，一是因为其资金实力雄厚，再就是因为其抗压和抗风险能力强。

10.3

小心，别被冒牌投资者欺骗

在创业者纷纷寻求融资的时代，一些不法分子也在利用这一大环境行骗。创业者如果不够谨慎，很容易落入不法分子设立的圈套，使自己的创业之路更加艰辛坎坷。那么，创业者应该如何识别冒牌投资者呢？本节就来解决这个问题。

10.3.1　冒牌投资者的特征

创业者该如何识别这些冒牌投资机构呢？下面为大家总结了冒牌投资机构的特征。

（1）骗子冒充投资者时，一定会起一个冠冕堂皇的公司名称，这是冒牌投资机构的特征之一。比如，他们的注册地在美国，公司名称为"美国国际投资集团"。创业者融资心切，比较容易轻信这样名字听起来很光鲜的机构，进入他们预设的圈套。

（2）收取各种名目的费用。冒牌投资机构的最终目的是骗钱，这决定了他们最显著的特征就是向创业者收取各种名目的费用，如考察项目的路费、住宿费、招待费等。然而，有融资经验的创业者都知道，真正的投资机构不会收取这些费用。

当有公司表示愿意投资时，创业者不仅要对投资机构的背景进行全面调查，还要保持警惕的心态，特别是对各种付款要求要多问几个为什么，必要时可运用法律合同来保障自己的利益。

（3）专业素质较低。真正的投资者通常具有丰富的专业知识，综合素质非常高，而冒牌投资者在专业素质方面则相差较多。即便接受了训练，冒牌投资者也只是更擅长避实就虚，想尽一切办法让创业者交钱。因此，如果你发现对方对于专业性的东西闭口不谈，而是开口闭口说费用，那么对方是冒牌投资者的可能性非常大。

（4）与不法中介合伙行骗。冒牌投资者常常与一些不法中介合作行骗，这些中介包括律师事务所、会计机构等。具体地说，冒牌投资者会向创业者推荐中介机构做资质审核、项目评估、律师咨询等服务，然后由中介收取费用，最后从中介那里分钱。

（5）不在本地行骗。一般冒牌投资者诈骗成功后会逃之夭夭，让被骗的创业者找不到他们。由于冒牌投资者需要在本地立足，这就注定他们不会在本地行骗。而且，冒牌投资者知道创业者被骗后一定会找他们，选择在外地方便他们逃离。

（6）网站杂乱无章。在互联网时代，大部分公司都会设立一个公司网站，即便是冒牌投资机构也不例外。但由于冒牌投资者大多不具备专业能力，而且资金不足，所以他们不会花心思打理网站。冒牌投资机构的公司网站很可能采用静态页面，而且网站结构混乱、页面简陋、缺乏内容。当你打开一家投资机构的公司网站，感受到一种杂乱无章的压迫感时，你可以试着想一想这家投资机构是不是骗子。

（7）缺少工商注册信息。如果投资机构没有取得工商注册登记，那么创业者几乎可以判定它是骗子。当然，即便有工商注册登记，也不排除是冒牌投资机构的可能性。创业者可以登录工商行政管理机关主办或认可的信息查询网站进行查询，也可以去该公司经营所在地工商行政管理机关查询。如果没有找到该公司的信息，那么创业者最好不要相信他们说的话。

10.3.2　防止真投资者设立陷阱

冒牌投资机构设置融资骗局的目的是获取创业者的钱财，一般不会对创业者造成致命打击。而真投资机构设立融资陷阱的目的则比较复杂，有可能是为了获取创业公司的商业机密，也有可能是为了让创业者创业失败，更有可能是为了夺取创业公司的控制权，所以创业者需要格外小心。常见的三大融资陷阱如下。

1. 获取公司机密数据

被投资者骗走公司机密数据在创投圈里屡见不鲜。有些创业者想要创业却没有好的创意，于是就假扮投资者，以投资者身份参加各种融资沙龙峰会，在需要融资的创业项目当中找寻与自身较为匹配的项目。等到沙龙结束后，他们会私下和创业者深入沟通，继续考察项目，进一步了解该项目的具体流程和核心要点。待满足需求后，他们会果断退出，自己另外创建类似项目。

为了降低风险，创业者可以与投资者签署保密协议，保证公司的商业机密不被泄露。保密协议里可以做出如下规定："双方因投资意向关系获得的对方未公开资料仅限于指定用途，未经对方许可不得用于其他目的或者向第三方泄露。"如果发现投资者违反了保密协议中的条款，则其行为构成违约，同时也侵犯了创业公司的商业秘密，创业者可以要求赔偿或者通过法律途径维护自身权益。

2. 跳票、放鸽子

投资者既担心好项目被别人抢了，又担心投错项目或者给高了价格，所以通常采取广泛撒网重点捞鱼的策略。这是合情合理的。更何况，投资条款清单没有法律效力，投资者完全可以在签署了投资条款清单后不投资。然而，创业者是等不起的，一旦错过最佳融资时机，公司就有可能因为现金流中断而倒闭。

如果创业者想融资，又不想让太多人过于详细地了解项目，可以向投资者要求付 100 万元才可以进行尽职调查，用这 100 万元作为保证金约束投资者。对于投资者放鸽子的行为，更多业内人士的看法是理智的。他们认为创业者和投资者都不容易，只要没有签署最后的融资合同，谁反悔都是允许的，创业者应当有心理准备。

3. 故意拖延，拉低估值

故意拖延、拉低估值是投资者经常使用的招数。这类投资者最初与创业者接触时，显得平易近人，对项目的投资热情非常高，要求立即签署投资意向协议。此时，投资者在股权分配、估值等方面表现得非常宽容，基本会满足创业者的各种要求。

然而，在签署投资意向协议时，投资者会要求签署尽可能长时间的排他条款。创业者一旦签署了投资意向协议，就变得被动了。投资者最初只是拖延时间，以资金周转不灵或者其他借口敷衍创业者。总之，投资者会表现出可能无法投资的样子，但是又不会明确表示拒绝投资。

过一段时间后，创业者开始焦躁不安，因为团队资金已经无法支撑接下来的运营了。投资者则开始趁机拉低公司估值。创业者此时别无选择，只能忍痛答应投资者的不合理要求。

事实上，贬低项目和拖延时间都是投资者压低估值的手段。但对创业者来说，很可能损失惨重。毕竟，对融资阶段的创业公司来说，最重要的就是时间和估值了。因此，创业者需要有所防范，避免着了投资者的道。

10.3.3　遭遇冒牌投资者

李成于 2010 年底在深圳创办了一家小公司，到 2016 年底满 6 年。鉴于公司发展得很好，李成想扩大公司规模，于是想到了融资。他先后找了很多家风险投资机构和投资中介公司，没想到他们都以公司规模较小为由拒绝投资。

这一天，李成非常高兴，因为一家声称总部在美国的投资集团表示出投资意向。第一次见面洽谈的过程非常顺利，投资者杨经理详细了解了李成的项目进展状况，并做出乐观的评价。李成非常感激这家公司对他的青睐，因此在杨经理提出要考察项目并需要李成预付 10000 元考察费时，李成立即同意了。

随后，在项目估值环节，杨经理说："价格我们说了不算，您说了也不算，应该由有资质的评估公司做出价值评估。"停顿片刻，杨经理看了李成一眼，"我们可以给您推荐一家深圳著名的评估公司，但按规定，费用由您自己支付。"

当李成来到该投资机构推荐的评估公司咨询时，评估公司的工作人员给出了评估费用——32000 元！虽然 32000 元不是一笔大费用，但李成还是有些犹豫，担心自己受骗。这时，杨经理的电话来了。杨经理询问了李成这边的状况，然后表示可以承担 10% 的费用，并说这已经是破例了。

李成想到自己已经从网上搜索过这家公司，工商部门也有相关登记，而且在某商业报刊上还有该投资机构中国区负责人与政府官员一起考察投资项目的报道。于是，李成打消了心中的怀疑，支付了 28800 元评估费。评估报告出来后，李成与投资者签署了融资意向书，杨经理告诉他过一个月来拿钱。

随后的一个月，李成每天都在想着拿到资金后如何扩张公司规模。然而，一个月过去了，李成并没有等到该投资机构的一分钱。杨经理在电话里告诉他："公司总部认为您的商业计划书不合格，按照规定，您需要重新制定商业计划书，制作单位我们指定，钱您出。"

这回，李成没有任何犹豫就拒绝了杨经理。杨经理没有放弃，接着说："商业计划书不改也可以，但是审慎调查报告不能少，中英文的，同样是制作单位我们指定，钱您出。"

投资者通过各种名目收费要钱让李成不得不相信自己遇到了冒牌投资机构。李成准备找到他们跟他们闹。然而，令他没想到的是，该投资机构搬家了，不知所踪。最后，李成只能独自咽下苦果，只当花钱买了个教训。

李成遭遇冒牌投资机构的案例只是众多投资诈骗案例中的一个。在了解了李成等创业者遭受融资诈骗的经历后，一位工商人员表示："中小公司面临的融资风险是比较大的，花钱进行评估后，投资者不再投资，这是一种正常现象。但如果像李成这样举报了投资者，工商部门据此调查，可能对其进行两方面处罚：一是按照我国法律法规，代表处不能从事经营活动的，不能直接签署合同；二是变更经营场所要及时办理变更登记。可这样的处罚太轻，对受害者挽回损失没有实际意义。"

很多创业者和李成一样，觉得融资是投资者给钱，不会遇到骗子。其实在现实中，事情远远没有那么简单。很多"高明的"诈骗者就是利用创业者急于融资的心态，让创业者觉得遇上了"贵人"。这些骗子会谎称自己公司规模大、专业程度高，以此取得创业者的信任。同时对融资项目大加赞赏，最后借考察项目名义骗取考察费、公关费等，收费后就销声匿迹。

章末总结

1.在当前的经济形势下,创业者与投资者"联姻"已经成为常态。但与此同时,如何寻找合适的投资者，也是摆在创业者面前的一个不得不解决的问题。

2. 如果你手里有一个好项目，那么首先会对这个项目感兴趣的很可能是你身边的人，如家人、朋友等。因此，你不妨先和这些人沟通，从中筛选出潜在投资者。

3. 除了身边的人，创业者也可以从融资平台、社交媒体上寻找投资者。创业者需要借助这些渠道与投资者建立联系,把清晰的融资规划展示给投资者，为自己争取最好的机会。

4. 大多数投资者的目标都是为好项目投资，从而获取收益。任何投资者都不会轻易放弃一个好项目，所以创业者在寻找投资者的同时还是要不断打磨自己的项目。

5. 如果把创业者比喻为司机，那么投资者就是坐在副驾驶上看地图的人。只有看地图的人足够优秀，司机才可以顺利行驶到既定地点。相应地，只有投资者足够优秀，创业者才可以带领公司走正确的道路，从而获得更好的发展。

6. 创业者选择投资者仅仅是看中他们手里的资金吗？如果你这样想，那就大错特错了。资金确实是创业者比较关注的因素，但绝对不是唯一因素。

7. 当多个投资者都愿意与创业者合作时，创业者往往会从对行业的理解程度、抗压和抗风险能力等方面入手考察投资者。记住，创业者要与能为公司带来复合价值的投资者合作。

8. 投（融）资界鱼龙混杂，创业者要识别投资者身份的真假、考虑投资者的性格特质、分析投资者的过往经验与资源是否与公司匹配……忽视这些问题带来的灾难，远比筹集不到资金更可怕。毕竟资金短缺是可以想办法解决的，但选错投资者很可能让项目走向终结。

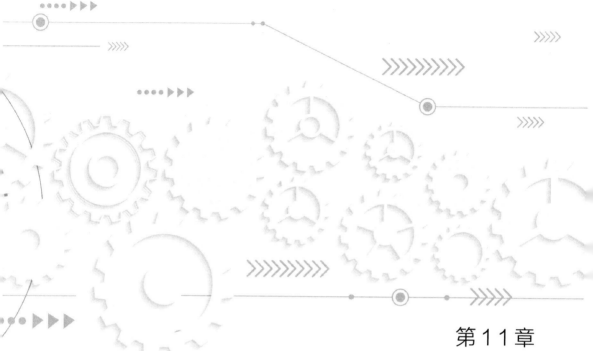

第11章

投资行为分析：看透投资者的"心"

在投（融）资过程中，创业者和投资者是利益共同体，目标都是把公司做大，让公司迅速增值，最终顺利上市。为了更好地实现这个目标，投资者会从创业者的角度思考问题。同样地，创业者也要从投资者的角度做事，站在投资者的立场上进行投资行为分析。

11.1
投资者喜欢什么样的创业者

创业者要想成功融资，应该充分了解投资者，分析其更愿意为何种类型的人投资。这样有利于创业者知道如何获得投资者的青睐。那么，投资者究竟喜欢什么样的创业者呢？投资者喜欢的创业者至少要具备格局大、有恒心、有领导力、求知欲和洞察力强等特点。

11.1.1　格局大，不会被短期利益蒙蔽

格局是经常被提及的一个词汇，往往代表着一个人对事物的认知，也在一定程度上反映了这个认知的长远程度。作为公司的领头人，创业者应该有格局，要看到员工和其他股东看不到的更长远的未来，而不能只盯着眼前的蝇头小利。

任正非拥有超越常人的战略眼光，能够认清时势，牢牢把握时代的"脉搏"，果断进入当时在我国还处于空白，甚至落后状态的行业。任正非是天生的创业者，凭借着冒险精神在电信装备这个高手如云、技术门槛高的领域闯出一片天地。与此同时，他也有强烈的危机意识，能较早地预测到行业可能面临的风险，并及时警示手下的人注意和规避风险。这样的创业者怎么会不受投资者欢迎呢？

正所谓"板凳要坐十年冷，文章不写半句空"，任正非可以专心致志地做研发，甘于寂寞，始终坚持自己的发展方向和精益工作的目标，脚踏实地地

在本行业不断进取。即使暂时看不到未来，他也会进行归纳与总结，积极向更优秀的同行学习，取长补短。

毋庸置疑，任正非是一个有格局、有思想的创业者。大多数投资者都喜欢与这样的创业者合作。

11.1.2　认准了一件事就会坚持下去

创业途中困难重重。有的创业者被困难吓倒，离开自己辛苦创建的公司，而有的创业者则迎难而上、披荆斩棘，带领公司走向成功。

几乎所有投资者都希望与意志力强的创业者合作，这样投资者不仅会轻松很多，其投资过程也会更加顺利。而且，即使创业者在创业过程中遇到困难，只要和创业者齐心协力，便能共渡难关。反之，如果投资者为一个意志力薄弱，遇到困难就想打退堂鼓，总是让人泄气的创业者投资，那么这个投资很可能不会成功。

总而言之，只有具备"不抛弃、不放弃"精神的创业者才更受投资者欢迎。

11.1.3　有领导力，做决策不拖泥带水

创业者是领导，通常需要带头处理公司的种种问题，如缺少资金、缺少人才、缺少资源等。面对这些问题，创业者必须培养自己的领导力。所谓领导力，就是可以让一群人跟随你去努力实现目标的能力。

如果创业者有领导力，那么在公司发展过程中，即使场面混乱不堪，他也可以比其他人更快、更准确地判断问题所在，并借助自己的知识和经验妥善处理问题。

知名投资者李开复在选择项目时，就非常看重创业者的领导力。李开复曾经公开表示，他所投资的创业者必须是一个富有吸引力、有人格魅力的领导。因为在创业过程中，创业者可能会面临各种挫折，这就要求其有强大的能力，在遇到问题时能将下属凝聚在一起，让他们团结一心解决问题。

有领导和决策能力的创业者，可以让团队不离不弃地跟随。对于投资者而言，这样的团队更有竞争力，更能提升项目成功的概率。

11.1.4　愿意主动学习新知识、挖掘新商机

乔布斯有一句名言"Stay hungry，stay foolish"，中文意思大概是"求知若饥，虚心若愚"。这句话提醒创业者，要在创业过程中保持旺盛的求知欲，不断学习，积极探寻真理，以更好地适应当下这个不断变化的时代。

在创业过程中，求知欲强的创业者能够用最前沿的知识引领公司的产品研发与品牌营销等工作，从而推动公司稳定发展。另外，求知欲强的创业者会想方设法获得新体验、新知识，带领团队不断学习，并且始终保持开放进取的心态。这样的创业者是一种"燃烧型"人才，只要是他们存在的地方，就会充满着乐观、向上的动力与活力。

除了求知欲，敏锐的洞察力对于创业者来说也非常重要。我们不得不承认，做生意是要有洞察力的。例如，江小白的创业团队便是一群很有洞察力的人。

如今，江小白所处的白酒市场基本已经成为红海市场，无论是面向高端人士的酒，还是面向普通大众的酒，或者是面向老年人的保健酒，竞争都非常激烈。在这样激烈的竞争中，江小白脱颖而出，成为白酒界的黑马，凭借的就是创业团队的洞察力。

江小白的创业团队敏锐地发现，大部分制酒公司都过于重视酒的品牌或者价格，而忽视了酒的文化因素。于是江小白的创业团队另辟蹊径，从文化角度入手进行品牌宣传。他们主打酒的情怀，通过简洁、文艺、暖心的文案表现酒背后的文化内涵，点燃年轻群体对生活的热情。正是这样的洞察力使江小白取得了成功。

具备求知欲和洞察力的创业者虽然不能确保项目一定成功，但可以成为投资者心中合格的合作伙伴。他们可以促进公司发展，为投资者带来更丰厚的收益。

11.2
哪些公司受投资者欢迎

不是所有公司都会受到投资者的青睐。本着回报最大化的目的，投资者在选择公司时也会有自己的考量。一般来说，细分行业领军者、所在市场内有现金流优势、产品有差异化与不可替代性的公司比较受投资者欢迎。

11.2.1　就算处于细分领域，也能名列前茅

随着市场形势的不断变化，很多公司的经营战略逐渐从"大而全"转向"小而美"。在"小而美"时代，公司的核心工作是在细分领域挖掘商机，并努力成为细分领域的佼佼者。对于投资者来说，这样的公司往往更有投资价值。

在各式各样的电商平台中，蜜芽（如图 11-1 所示）从母婴这个细分领域切入，受到了广泛关注，很多投资者都向其抛出橄榄枝。

图 11-1　母婴垂直电商平台蜜芽

不同于其他电商平台采取全品类布局的战略，蜜芽只将重心放在母婴领域，几乎没有涉及其他品类。此外，为了实现单品突破，蜜芽从纸尿裤这个高

频次单品入手，凭借优质的服务和精美的包装收获了一众宝妈的青睐，成为她们的"好帮手"。

在母婴领域的红利还未被充分挖掘之时，宝妈们很难找到合适的电商平台来满足自己的需求。在这样的大背景下，蜜芽横空出世，很好地弥补了市场空白。正因为如此，蜜芽被资本看好，完成了多轮融资。

在资本的助力下，蜜芽目前已经在海外很多国家设置了专门的采购团队和海外仓，在国内也有专门的保税仓。与此同时，蜜芽与重庆渝新欧国际铁路达成合作，开创了通过铁路向海外运输货物的先河，在母婴领域将电商业务做得风生水起。

在互联网高度发展的今天，当一个公司成为区域第一时，往往在全国也会有一定的知名度，这样就能更容易地获得投资者的认可。

除了蜜芽以外，外卖品牌饿了么也是细分领域的领头羊。饿了么在激烈的外卖市场竞争中选择融入阿里巴巴的资本，在保证自身业务发展的前提下，依托阿里巴巴的资源和优势成为外卖市场的巨头，获得了非常不错的发展。

11.2.2　所在市场有明显的现金流优势

大多数投资者认为，受欢迎的公司通常面对的是有现金流的市场，然后在这个市场中用低成本的方式去获取更多用户，让用户心甘情愿为产品买单。如果公司所在市场不存在巨大的现金流，那从投资者角度来看，这家公司就不会有很大的投资价值。

滴滴将打车业务作为切入点，通过市场的扩张得到大量的司机和乘客，然后业务逐渐扩大，快车、专车、顺风车、代驾等服务应运而生。

滴滴以用户为中心，从人们的出行出发，建立庞大的出行系统，品牌名也因为业务的不断扩张，由"滴滴打车"更换为更符合目前业务模式的"滴滴出行"。

滴滴在未来和医疗、旅游、购物等方面的联系也会越来越紧密，庞大的市场正等待滴滴深度挖掘。例如，滴滴可以与酒店、景点等进行合作，系统依

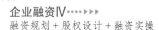
据用户的消费情况为其提供低价的接送服务。

随着科技的发展，未来市场的增长点将会越来越多，我们一定要选择拥有巨大现金流的市场，这样才能保证未来公司在完成市场开拓的环节后能够获得盈利，资本也会将大量资金投给公司。

11.2.3　研发的产品有差异化与不可替代性

如果公司研发的产品有比较明显的同质化问题，那么这家公司不仅很难战胜竞争对手，而且抗打击能力也会比较差，几乎无法在竞争激烈的市场中站稳脚跟。因此，公司要改变战略，研发差异化产品。这是公司吸引投资者的必要条件之一，也是投（融）资圈的共识。

公司要想打造差异化产品，获得更多市场份额，有两种方法可以使用。

一种方法是生产专业技术替代产品。例如，柯达和富士在胶卷市场上打得难分难解，但最终的胜利属于数码相机。因为数码相机方便、快捷，替代了传统胶卷相机。

另一种方法是跨行业进行多种方法的联合创新。例如微信刚出现时，其功能和腾讯旗下的 QQ 是完全重合的，但发展至今，微信融合了社交、支付、通讯、营销等多项功能。

除了拥有差异化产品之外，公司还要使其产品具备可复制性。传统公司依靠产品的不可复制性实现盈利，但不可复制的产品往往无法适应市场规模的扩大。因此我们需要设计可复制的产品，帮助公司实现产品复制与规模扩张。

截至 2022 年 6 月，和府捞面仅成立 10 年就拥有了 400 余家分店，即便是在新冠肺炎疫情影响下，仍然获得了 4.5 亿元投资。和府捞面迅速扩张的背后，是一套时刻把控的标准体系。后厨人员会通过机器精准控制食物的出锅时间，从而保证口感的一致性。

不只是做菜流程标准化，和府捞面的操作流程也实现了极致的标准化。由于餐饮行业人员流动量大，和府捞面餐厅中的所有操作都有一套标准流程。

因此，和府捞面可以最大限度地利用机器，减少对员工的依赖，从而保证服务人员的专业性。

公司想要获得广大的市场：一方面要追求产品的差异化，因为提供差异化的产品可以提升公司被用户发现的概率；另一方面也要增强产品的可复制性，因为只有将产品标准化、流程化，才能在公司的扩张中始终保证产品的质量。

11.2.4 亏钱的公司也可以吸引投资者

有些公司虽然每年都亏钱，但依然可以屹立不倒，甚至还能吸引到投资者。这是为什么呢？其实一直亏钱并不意味着公司的现金流有问题，既然公司没有倒闭，就说明有足够的现金流可以支撑其运营下去。当然，此类公司往往发展前景广阔，是很有价值的"潜力股"，只要其业务走上正轨，盈利就是水到渠成的事。

例如，从财报看，多年来京东都在亏损，但这不能说明京东是个不值钱的公司。因为在创立初期，京东集团将所有投资都用于建立自有物流体系，京东并非没有利润，只是公司处于扩张阶段，建立物流体系需要大量资金，利润与物流建设成本均摊之后呈现出亏损状态。现如今，京东已经建立起自身的物流优势，当用户希望"次日达"时，京东就会是他们的首选。

实际上，"亏钱"一直是公司发展的常用战略。并不是所有亏钱的公司都有价值，如果公司目标清晰，方向正确，并且能有现金流支持其战略，那么通过"亏钱"扩大市场份额不仅是正确的，而且是一个必需的步骤。

11.3
了解投资者会如何做尽职调查

尽职调查是融资时一个必不可少的环节，这个环节对于创业者和投资者

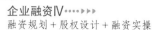
来说都有重大意义。科学、准确的尽职调查将帮助双方了解公司情况，减少因为信息不对称而产生的诸多问题。尽职调查的结果将成为双方建立深入合作的重要基础。

11.3.1　业务调查：配合投资者弄清经营现状

投资者都希望自己能够得到创业者的坦诚相待，正如 Reach Capital 合伙人 Jennifer Carolan 所言："作为风投机构的投资者，我希望可以和我投资的团队数年来一直保持密切的合作关系。我们彼此信任。对于遇到的难题，创始人也可以据实相告，这样我们就可以一起解决问题。这一点很重要。"

在进行行业务调查时，投资者希望可以像 Jennifer Carolan 说的那样，知道更多关于业务的有效信息。业务调查是尽职调查的核心环节，财务调查与法务调查都围绕它展开。一旦有了公正、严谨的业务调查报告，投资者就能以此为依据做出更有利于自己的投资决策。通常业务调查的内容包括以下几项。

1. 一切从了解公司的基本情况开始

在进行行业务调查时，公司的基本情况是非常重要的一部分，具体包括管理团队、产品／服务以及市场、资金运用、风险分析等多个方面。投资者可以与公司相关人员进行谈话，深入了解公司的基本情况，并据此对公司的业绩以及可持续经营能力进行分析和评估。

2. 分析行业发展方向，识别公司潜力

通过对行业发展方向的调查，投资者可以更好地了解公司的发展潜力和成长空间，这部分调查主要包括市场规模、监管政策、竞争态势、利润水平四个维度。以利润水平调查为例，投资者会分析成本利润率、产值利润率、资金利润率、销售利润率、工资利润率等一系列指标之间的相互关系，发现其发生变动的原因，从而找到帮助公司提升利润水平的方法。

3. 明确经营状态：用户、供应商、对手

对公司经营状态进行调查十分重要，能很好地帮助投资者深入了解用户、供应商、竞争对手的数量与状态。例如，在竞争对手方面，投资者会弄清楚竞争对手的数量，看公司目前处于一个什么样的行业大背景下，了解公司所从事行业的市场竞争程度，并找出几个主要竞争对手；了解其基本情况，包括年生产能力、实际年产量、年销售数量等。

4. 调查股权，看透公司股权风险

股权调查的重点包括股权变更及相关工商变更情况，控股股东/实际控制人的背景。以调查控股股东/实际控制人的背景为例，投资者首先会对股东结构进行了解，找出主要股东，搜集其相关资料，如持有的股权比例、负责的主要业务、有多少注册资本、资产状况如何等；其次会了解公司与主要控股股东或实际控制人之间的业务往来情况；最后会了解主要控股股东或实际控制人对公司发展提供了哪些支持，包括资金支持、技术支持等。

11.3.2 财务调查：提前帮助投资者"排雷"

财务调查主要是对公司的财务情况进行调查，通常会涉及财务报告、盈利与资产事项、主要财产审核等方面。财务调查由投资者负责，创业者配合工作。

1. 提供详细的财务报告

财务报告是了解公司财务状况及经营成果的最好途径，其包含了资产负债表、利润表、现金流量表、所有者权益变动表、附表及会计报告附注和财务情况说明书等。一份完整的财务报告可以帮助投资者了解公司近年来的财务状况，并预测公司未来发展趋势。

2. 审核现金流、盈利和资产等事项

投资者在投资前会对公司现金流进行统计，剔除利润中带有"水分"的

因素，以便更全面地了解公司的财务现状，判断公司的盈利情况。因此，创业者要配合投资者审核现金流，为其提供必要的文件和资料。

盈利能力分析已经成为各利益相关者密切关注的内容，也是投资者做出投资决策的重要依据。在尽职调查过程中，创业者要向投资者提供盈利数据，将可以展现自身盈利能力的文件都展示给投资者，如用户体量、月度营业额、年度营业额、年度财务报告等。

除了现金流和盈利能力以外，投资者也会对公司资产进行考察。一般资产越多，公司产生经济效益的能力越强。在财务调查过程中，创业者要让投资者充分了解公司的资产状况，为投资者提供相关资料，帮助投资者预测公司能为其带来的投资回报。

3.向投资者展示土地使用权等主要财产权

在进行尽职调查时，投资者会对土地使用权等主要财产权进行审核，创业者要积极配合投资者完成这些审核。土地使用权等主要财产权的审核主要分为以下 5 个方面。

（1）审核土地的使用类型（划拨、出让），判断其获取是否合法。

（2）审核受让、自建、租赁、出租等房产是否证件齐全。

（3）审核在建工程的手续是否完备、施工是否合规、工程是否存在负债等情况。

（4）审核机器设备等固定资产是否进行过登记。

（5）审核财产保险的种类是否全面，公司是否已经缴纳全部保险费用。

11.3.3 法务调查：别让自己越过红线

通过业务调查和财务调查，虽然投资者对公司有了一定的了解，但掌握的信息是零散的，而且也无法确定公司是否存在法律问题。为了避免风险、加速投资进程，投资者会对公司进行法务调查。投资者一般会从以下几个方面入手对目标公司进行法务调查。

1. 了解公司现状及历史沿革

投资者对公司现状及历史沿革的调查通常分为 9 个方面：公司大体情况、历史沿革、项目审批、营业执照、印章及银行账户、外商投资机构批准证书、经营范围、注册资本、资产评估报告。创业者应该提前准备好相关资料和文件。

2. 提前核实股东出资情况

在调查股东出资情况时，投资者往往会从以下 9 个方面入手。创业者要充分了解这 9 个方面，配合投资者以最快的速度和最高的效率完成调查。

（1）出资协议与合资协议中是否有隐名股东、是否有股权代持的情况；找出实际控制人与关联交易；协议是否与公司章程、营业执照内容一致。

（2）出资方式是否存在限制出资的情况。

（3）非货币资产出资：配合投资者调查政策性限制、估价和转移。

（4）股东是否依据法律或约定履行了出资义务。

（5）法定公积金是否按规定提取，是否违法分配利润。

（6）股权转让是否违反法律或约定的股权转让限制，如外资公司股权转让的特殊规定。

（7）是否存在股东向公司借款或抽逃出资问题。

（8）股东出资、股权转让、增资、减资的股东会、董事会决议是否有未尽事项和争议。

（9）出资瑕疵及责任。

3. 向投资者展示重大事件

为了让投资者充分了解公司是否合法经营，尽可能规避融资风险，创业者要向投资者展示重大事件，配合投资者对重大事件进行审核，具体包括重大债权与债务、业务合同与借款合同、诉讼仲裁或行政处罚、交易授权合法性等。

章末总结

1. 投资者的投资行为具有多样性，而且通常是演化的结果，而不是理性选择的结果。投资行为除了会受到外界环境的客观因素影响，也受到投资者主观因素影响。

2. 对于喜欢什么样的创业者这个问题，每个投资者的答案都是不一样的。但我们也不得不承认，有一些共性的东西是所有投资者都非常看重的，比如格局、领导力、求知欲等。

3. 在投资者眼中，优秀的创业者必须拥有肯坚持的精神，即使经历九九八十一难，也要不忘初心。坚持，是难能可贵的品质，也是创业成功的必要因素。

4. 著名科学家路易·巴斯德十分推崇一句话："命运总是垂青于有准备的人。"对于正在融资的创业者来说，这句话尤为适用。如果创业者可以提前了解投资者喜欢什么样的公司，那就可以早做准备，少走很多弯路。

5. 每个行业都有不计其数的细分领域，抓住任何一个细分领域都有机会成就事业，走向人生巅峰，让公司迅速崛起，从而赢得投资者的心。

6. 在细分领域的基础上，针对不同市场，提供有差异化与不可替代性的产品吸引投资者和提升融资效率的秘密武器。

7. 尽职调查可以帮助投资者对公司有一个全面、深入的了解，从而确定公司是否值得投资，以及投资后是否存在很大风险。通常尽职调查的效率、节奏、进度、质量、结果与投资者和创业者能否相互配合息息相关。

8. 投资者做尽职调查，是从业务、财务、法务等方面对公司的投资价值进行分析。为了让投资者充分感受到公司的投资价值，创业者要提供具体、详细、真实的资料，而且不要漏掉那些核心数据。同时，以良好的状态迎接投资者的考察也是非常重要的。

第12章

融资顾问机构助力：
融资也可以有帮手

　　融资顾问（Financial Advisor，FA）机构是为需要融资的创业者提供第三方专业服务的机构，也是创业者和投资者之间的"桥梁"。有些缺少融资经验的创业者对融资相关事宜毫无头绪，不知道应该从何下手，此时就可以寻求 FA 机构的帮助。

12.1

与 FA 机构合作：专业人做专业事

为了确保融资顺利完成，有些创业者会花费一定的成本与 FA 机构合作，其核心是让专业人做专业事，从而节省融资时间。而且，创业者和投资者之间通常存在很大的信息差，FA 机构可以弥补这个信息差，同时帮助创业者找好项目定位，乃至梳理清楚财务模型。

12.1.1　思考：你是否需要与FA机构合作

有些创业者一直在思考自己是否需要与 FA 机构合作，其实当这个问题出现在创业者脑海中时，就意味着创业者对 FA 机构的价值持怀疑态度，感觉 FA 机构是可有可无的。虽然在大多数情况下，FA 机构起到的是锦上添花的作用，获得融资的关键还是项目本身要足够好。但是，对于一些公司来说，与 FA 机构合作可以让融资更加顺利。

1. 不会讲故事的创业者需要 FA 机构

在融资过程中，会讲故事是非常重要的一点。这个故事不是简单地描述创业者自己的优势和公司的发展情况，而是通过梳理创业经历，提炼融资亮点，让投资者认识到公司是有发展前景的。在 FA 机构的帮助下，创业者可以输出一些非常重要的信息，以利于投资者更迅速地做出投资决策，在提升双方沟通效率的同时增加投资者对自己的信任。

2. 不懂融资且没有时间融资的创业者需要 FA 机构

有些创业者做业务是一把好手，但对融资相关事宜，如融资流程、融资条款、投资者偏好等知之甚少，而 FA 机构正好可以帮助他们填补这方面的空白。FA 机构通常有庞大的关系网，对融资相关事宜非常清楚，可以让创业者在融资时少走弯路，提升融资效率。

对于早期创业者来说，时间和精力是非常重要的资源，找专业的 FA 机构帮忙融资可以进一步缩短融资周期。创业者可以将节省下来的时间和精力放在更有价值的工作上，达到"花小钱办大事"的效果。

当然，FA 机构的水平有高有低，如果碰到不专业的 FA 机构，很可能会将融资搞砸。因此，创业者如果决定和 FA 机构合作，一定要擦亮双眼。

12.1.2 国内FA机构现状分析

越来越多的创业者为了顺利融资选择与 FA 机构合作，下面就来分析一下 FA 机构的现状。

（1）从业人员专业化。随着信息渠道的增多和信息化程度的提高，重度依赖社交资源、只会在创业者和投资者之间传递信息的 FA 机构逐渐没有了竞争力。所以现在 FA 机构的从业人员正朝着专业化、权威化的方向发展，而且已经可以为创业者提供差异化服务，有利于更好地帮助创业者完成融资。

（2）服务多样化、精细化。之前我国可以使用的金融工具比较有限，FA 机构的主要职责是撮合创业者和投资者之间的融资交易，而难以为交易提供附加服务。现在 FA 机构提供的服务越来越多样化、精细化，甚至有些 FA 机构还可以提供并购交易、发行债券、跨境业务、转融通业务等。未来随着资本市场的进一步开放，FA 机构会有更广阔的发展空间。

（3）大型 FA 机构与垂直型 FA 机构共存。随着 FA 行业不断发展，一些中小型 FA 机构逐渐成长为标准化的大型 FA 机构。此外，一些之前在垂直领域掌握较多经验和资源的 FA 机构"另起炉灶"，与大型 FA 机构分庭抗礼，

共同充实着整个 FA 市场。在未来较长一段时间内，大型 FA 机构与垂直型 FA 机构将同时存在，FA 行业也会不断洗牌。

身处创业时代，FA 机构凭借自身独特价值，将投资者和创业者紧密地连接在一起，获得了非常不错的发展，对融资交易产生了关键作用。

12.1.3　FA机构赋能融资的3个方面

在融资过程中，FA 机构发挥着巨大作用已经是一个不争的事实。而一些高质量的 FA 机构更是具备为公司赋能的价值，这里的赋能主要包括以下 3 个方面。

（1）帮助公司梳理融资流程，为融资做准备。具体工作包括：分析公司的商业模式和核心竞争力，用投资者熟悉的语言将其表达出来；分析同类项目、公司所处发展阶段等情况；为公司建立估值模型，提供融资规划建议；帮助公司明确融资时间、融资规模等。

（2）帮助公司对接合适的投资者。大多数 FA 机构会为公司介绍最契合其商业模式和发展阶段的投资者，并联系投资者对项目进行考察。与此同时，FA 机构也会安排专人与投资者交流沟通，在投资者与创业者之间充当"桥梁"。

（3）帮助公司协调和安排从融资谈判到签署融资合同再到股权交割的所有工作。一般融资谈判、融资合同签署、股权交割等工作都极具专业性，很多创业者可能应付不来，此时创业者就可以委托 FA 机构负责这些工作。

优秀的 FA 机构会站在公司和创业者的立场上考虑问题，并尽自己最大努力平衡创业者和投资者之间的利益，寻找可以顺利实现融资交易的平衡点。因此，与优秀的 FA 机构合作，可以让创业者省去很多不必要的麻烦。

12.1.4　为什么有FA机构助力，融资依然没效果

虽然很多 FA 机构手握大量融资成功案例，但一些创业者明明得到了 FA 机构的助力，融资却依然没有效果。而且在这个过程中，还有一个隐藏的风

险——让项目"烂大街"。下面为大家分享一个找了 FA 机构，最后融资失败的案例。

某 FA 机构的投资经理张良在机缘巧合之下认识了刚开始融资的创业者王俊辉，二人约在星巴克见面，想边喝咖啡边商议融资相关事宜。

张良说："我基本了解了你手里的项目，这个项目还是非常不错的，有发展前景。"

王俊辉回应道："谢谢您的认可，您觉得我可以获得多少钱的投资呢？"

张良说："这个可以之后再详细讨论，您现在需要先把协议签了。"说着，张良便把协议拿了出来，要求王俊辉在协议上签字。

王俊辉看了看协议上的条款，觉得没有什么特别的地方，就痛快地签了字。

张良对签完字的王俊辉说："您明天需要把详细的项目资料发给我，我好发给投资者看。"

第二天，王俊辉把商业计划书、财务报表等资料全部发给了张良，满心欢喜地等待张良约投资者见面。但很长时间过去了，张良那边音讯全无，王俊辉没见到一个投资者。

后来王俊辉找自己的朋友介绍投资者，但刚把项目相关情况说给对方，对方就立刻拒绝投资。看到事有蹊跷，王俊辉便拜托自己的朋友打听情况。原来张良在收到资料后，就把资料发布在各种渠道，如微信群、创投平台等，导致王俊辉的项目"烂大街"了。

大家可以试着想象一下，平时我们看到朋友圈里的各种卖房广告，会有什么样的感受？张良把王俊辉提供的资料像卖房广告一样到处发布，投资者会对项目有好印象吗？

所以，在找 FA 机构时，创业者要谨慎，最好多对比几家再决定与谁合作，毕竟仅是让项目"烂大街"这个风险就已经很严重了。创业者可以约几个合适的投资经理见面，逐一沟通，这样既有效率，又能降低项目"烂大街"的风险。

盘点三大类主流 FA 机构

现在市面上很多知名公司在融资过程中都接受过专业的 FA 服务，一些初创公司也开始重视此类服务。本节盘点了三大类主流 FA 机构，希望创业者在选择自己想合作的 FA 机构时可以有所参考。

12.2.1 4个老牌FA机构

在 3 大类主流 FA 机构中，老牌 FA 机构通常是最受欢迎的。它们专注于多个领域，以帮助处在成熟期的项目融资为主要工作。无论在专业水平方面，还是实践经验方面，它们都是很有优势的。它们的客户在创投圈通常已经具有一定的知名度和影响力，业务模式也比较成熟，不需要再有针对性地将其融资故事讲给投资者。

老牌 FA 机构可以帮助创业者控制融资节奏，为创业者提供优质的财务、法律、上市、并购等服务，从而使创业者在融资过程中节省时间，提升融资效率。目前我国有 4 个老牌 FA 机构，其成立时间、关注领域、服务范围、代表案例等情况，如表 12-1 所示。

表 12-1 老牌 FA 机构的具体情况

名　称	成立时间	关注领域	服务范围	代表案例
华兴资本	2004 年	金融、电商、教育、科技、文娱等	私募融资、兼并收购，所接的案子大多是 B 轮以后的融资	俄罗斯基金 DST 京东投资、大众点评 8.5 亿美元融资、360 公司 D 轮 10 亿元融资等
易凯资本	2000 年	文娱、医疗健康产业、消费品和消费者服务	私募融资、合并收购，所接的案子大多是 B 轮以后的融资	e 袋洗 B 轮 1 亿美元融资、杏仁医生 B 轮 2 亿元融资等

名　称	成立时间	关注领域	服务范围	代表案例
汉能资本	2003 年	中国互联网经济、消费及医疗服务领域	财务顾问、私募融资、并购等	阿里巴巴收购饿了么、58 同城与赶集网合并、去哪儿网与携程合并等
汉理资本	2003 年	互联网、金融、电商、新能源、医疗	财务顾问、私募融资、并购等	分众传媒、如家、1 号店、PPTV、汽车之家、第九城市等融资事件

这 4 个老牌 FA 机构的综合能力都很强，之前在很长一段时间内几乎难分伯仲。但近几年，华兴资本强势发展，取得了非常不错的成绩，受到创业者和投资者的欢迎；易凯资本的服务质量非常出色；汉能资本管理着超过 100 亿元的基金，业务方向较之前有所变化；汉理资本募集了超过 10 亿元的基金，各项业务齐头并进。

12.2.2　以精品投行模式为导向的FA机构

以精品投行模式为导向的 FA 机构大多专注于一个领域，其团队内部有很多具备行业背景的人才，对行业有深刻了解，而且手里有比较丰富的资源。此类 FA 机构可以承接很多种类、处于不同发展阶段的项目。出于对行业的了解和庞大的社交网，其团队可以提前捕获投资机会，以更快的速度找到优秀投资者，帮助创业者打通融资体系。

另外，此类 FA 机构也可以帮助创业者把商业模式和业务情况转化成投资者比较习惯的语言，进一步挖掘公司的发展空间。重服务、专业水平高、对某个领域非常熟悉、资源丰富是此类FA机构的优势。它们可以给创业者很多帮助，例如，陪伴创业者走过商业模式不被理解、缺少资金、业务调整效果差、组织架构待完善等众多困难时期。

而且因为此类 FA 机构专注于一个领域，所以能够集中精力为创业者做事，更好地帮助公司提升竞争力。但从另一个方面来看，它们专注于一个领域，很可能会被这个领域束缚，从而忽视了其他领域的项目。如果这个领域的项目不多，它们还需要和其他 FA 机构竞争。

12.2.3　善用人海战术的FA机构

随着市场的进一步开放，现在出现了一批善用人海战术的 FA 机构，即专注多个领域的 FA 机构。此类 FA 机构有比较大规模的团队，手里的项目也不少，但专业水平比较一般。虽然它们有时可以拿到一些头部项目，但这些项目基本都是它们之前合作过的早期项目逐渐成长起来的。如果是本来就已经很成熟的项目，很可能不会选择和它们合作。

在对行业的了解方面，此类 FA 机构比不过以精品投行模式为导向的 FA 机构；在专业水平方面，它们又比不过老牌 FA 机构。因此，它们手里的项目几乎没有什么亮点，但因为项目数量占优，它们还是可以生存下来，只是发展前景没有那么明朗。

如果创业者手里只有早期项目，而且项目没有太多优势，难以获得那些大型 FA 机构的青睐，那就可以退而求其次，选择和此类善用人海战术的 FA 机构合作。

12.3

什么样的 FA 机构才靠谱

现在市场上的 FA 机构鱼龙混杂，如果创业者遇到对融资缺少基本认识、不了解投资者工作方式和偏好、随意收取费用等不靠谱的 FA 机构，那就会遭受很严重的损失。对于创业者来说，判断 FA 机构是否靠谱是与其合作的重要前提。

12.3.1　厘清FA机构的变现渠道

任何组织都有自己的变现渠道，FA 机构当然也不例外。在深入了解 FA

机构前，创业者应该知道它们是如何变现的，从而更好、更高效地完成融资交易。

（1）FA 机构可以通过收取服务费获得盈利。FA 向创业者提供的服务很多，如咨询、尽职调查、商业计划书撰写等，创业者要享受这些服务，需要支付一定的费用，费用通常是融资额的 1%～5%。对于 FA 机构来说，这方面的盈利是最直接的，但通常也是不可持续的。换言之，FA 机构只有与客户达成合作才可以获得这方面的盈利。

（2）FA 机构会有投资收益。有些 FA 机构设立了相应的投资基金，对一些发展前景好的项目进行跟投，将自己变成投资者。例如，智能教育品牌贪心科技曾经获得了 5000 万元的 Pre-A 轮融资，此轮融资由青松基金领投，德迅投资和华夏桃李资本跟投。其中，华夏桃李资本还作为 FA 机构帮助贪心科技处理融资相关事宜。

（3）有些 FA 机构会与创业者事先商议以股权形式支付服务费，或者用自己可以获得的服务费换取股权，从而获得股权增值收益。

（4）聪明的 FA 机构会通过 FA 业务拓展其他衍生业务，包括资产管理、财富管理等，这些衍生业务的回报往往更可观。例如，华兴资本就开展了财富管理业务，帮助客户管理财富，同时推动客户的资产交易进程。

当然，未来 FA 机构可能会研究出一些收益更多的变现渠道，让自己拥有更强大的经济实力。其实这对创业者也有一定的好处，因为 FA 机构的经济实力足够强大，它们就可以获取更多有价值的资源，从而为创业者提供更完善的个性化服务。

12.3.2 判断FA机构是否靠谱的3个标准

随着 FA 市场规模越来越大，自然就会出现一些不靠谱的 FA 机构，例如，有的 FA 机构谎称自己有基金，可以做直投等。只有和靠谱的 FA 机构合作，才可以对融资交易有所助力。那么，创业者应该如何判断 FA 机构是否靠谱呢？可以参照以下 3 个标准。

1. 专业

了解融资的每个环节是 FA 机构的一项基本技能，如撰写和修改商业计划书、搭建财务模型、审核投资条款清单、计算估值等。FA 机构起码要做到术业有专攻，毕竟创业者支付费用，就是希望享受到专业、靠谱的服务。

此外，安排路演顺序、告知创业者一些路演禁忌也可以体现 FA 机构的专业程度。特别是身处异地的创业者，依靠 FA 机构可以更高效地在一天内完成更多路演。专业的 FA 机构通常会给出更合理的方案，以避免交通拥堵浪费时间、规划不善导致创业者来回奔波等问题出现。

2. 用心、有情商

FA 机构除了要足够专业，还需要在态度上用心服务创业者，全方位地为创业者考虑，随时帮助创业者应对突发情况。那些真正为创业者着想的 FA 机构，甚至可以因为创业者的一个电话或者一条微信，立刻停下手里的工作帮助创业者解决问题。

FA 机构的情商体现在两个方面：一是对创业者进行心理疏导；二是与投资者友好协商和沟通。优秀的 FA 机构有"左右逢源"的能力，既能帮助创业者稳定心态，又可以通过协商和沟通判断投资者项目的态度，以及决策进度，从而更好地控制融资节奏。

3. 了解资本市场和公司所处行业

为了保证团队对某个行业有比较深入的了解，大型 FA 机构会根据行业将团队分成小组。各小组对自己负责的行业很了解，在为创业者提供 FA 业务时会有比较高的成功率。这些小组需要向创业者提供有价值的信息，如资本市场动态、行业发展趋势等。

此外，靠谱的 FA 机构会告诉创业者一些重要问题，如可比项目有哪些、这些项目现在处于什么阶段、投资者比较关注哪些数据、投资者的具体情况和优劣势分别是什么等。创业者必须记住，FA 机构应该将信息有取舍地输出给你，而不是盲目提供一些无用的东西。

12.3.3　如何选择适合自己的FA机构

当创业者经过反复思考，认为现阶段自己确实需要 FA 机构的帮助时，就会延伸出一个问题：如何选择适合自己的 FA 机构？要解决这个问题，可以从以下方面入手。

（1）询问 FA 机构为哪些项目提供过服务，同时通过相应的渠道调查 FA 机构的口碑。

（2）询问 FA 机构对公司产品和商业模式的理解，判断其是否提前做好了准备。

（3）看 FA 机构是否可以列出潜在投资者名单，了解其打算将项目发送给哪些机构。

（4）询问 FA 机构是如何收费的，如果它们要提前收费，那很可能是骗子。

（5）询问 FA 机构有没有接触过公司的竞争对手。有些 FA 机构会同时和多家业务类型相似的公司沟通，这是比较正常的。但作为创业者，要了解 FA 机构是带着什么样的目与你和你的竞争对手沟通的，如果有必要，可以通过签署保密协议来避免发生意外情况。

创业者希望借助 FA 机构的力量来提高融资效率，这是无可厚非的。在这个过程中，创业者要牢牢把握两个关键点。

（1）打铁还需自身硬，FA 机构只能起到锦上添花的作用，而无法雪中送炭。很多时候，融资成功与否还是取决于项目本身的竞争力和公司的综合实力。

（2）优秀的 FA 机构确实可以为创业者带来很多附加价值。所以，既然是重要且需要支付费用的服务，创业者不妨多做些功课，尽量找一个适合自己的 FA 机构合作。

12.3.4　不专业的FA机构让公司损失巨大

在融资风口前，一些 FA 机构抓住了创业者缺乏资金的心态，用各种手段想方设法赚创业者的钱，这些不专业的 FA 机构会让创业者损失巨大，其常用套路如下。

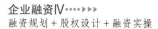
（1）有些 FA 机构会先认可项目的发展前景，然后说商业计划书不符合投资者要求，需要由它们来进行优化和完善，最后索要一笔商业计划书修改费用。

（2）为了表明自己的专业性，要求创业者签署居间合作协议，并索要前期费用与融资完成后的佣金。但是，它们并不会在协议中承诺一定可以顺利融资，而只会带创业者见不同的投资者。如果融资失败，它们不会退还创业者已经支付的费用。

（3）在修改商业计划书过程中，有些 FA 机构会告知创业者，商业计划书上的数据不够新或者不够真实，而它们可以提供更可靠的数据，但这些数据往往是需要费用的。结果创业者交了钱，发现它们提供的数据依然是各咨询机构共享的数据，同样没什么参考价值。

在融资过程中要记住，无论何时，捂紧自己的口袋都非常重要。

章末总结

1.如今，FA 机构对于公司来说具有举足轻重的作用。例如，京东、聚美优品在融资时就有专业的 FA 机构提供服务。我们必须承认，真正有实力的 FA 机构比投资经理更懂得投资。

2.一些顶级 FA 机构在投（融）资界发展得风生水起，可以轻松游走于创业者和投资者之间，为双方牵线搭桥，提供优质的第三方服务。而且，随着市场越来越规范化，这些 FA 机构已经形成了一套完善、具有严格要求的行业标准，在融资过程中能够充分发挥自身价值。

3.对于创业者，尤其是早期创业者来说，时间成本非常重要，因为很多投资者都很重视公司的先发优势。从这个角度来看，与 FA 机构合作，使其帮助公司提高融资效率、合理规划融资节奏，对于创业者来说是一个不错的选择。

4.创业市场渐趋成熟，FA 机构也越来越多样化。现在比较主流的 FA 机构有 3 大类：老牌 FA 机构、以精品投行模式为导向的 FA 机构、善用人海战术的 FA 机构。

5.FA 机构很有价值，这就决定了其服务一定是有偿的。既然需要花费一定的成本，那投资者就应该提前做一些功课，找一个最适合公司和项目的 FA 机构合作。

6.靠谱的 FA 机构往往很有本领，专业度、情商缺一不可。只有与靠谱的 FA 机构合作，融资才能事半功倍。

7.如果 FA 机构足够优秀，那么它一定不是融资信息的"二传手"，而是融资工作的策划人、公司融资战略的参与者、内外部资源的整合者。如果创业者想知道 FA 机构是否值得合作，可以从这几个方面入手分析，大概率是不会出错的。

第13章

融资合同签署：平衡双方的利益

　　投资者通常比创业者经历过的融资交易更多，也更了解融资合同的各种条款和规则。因此，创业者需要在融资前补补课，学习一些与融资合同有关的专业知识。如果创业者没有提前做好准备，很容易在拿到融资合同时不知所措。在这种情况下，投资者也会趁机占便宜。

13.1

融资重要防线：Term Sheet

Term Sheet 是投资者与创业者就未来融资交易达成的原则性约定，这些约定通常会出现在正式的融资合同中。现在 Term Sheet 逐渐被广泛应用在融资交易中，成为推动创业者和投资者建立良好关系、顺利完成融资的有效工具之一。

13.1.1　思考：Term Sheet是什么

创业者向投资者发送商业计划书，双方经过面谈及初步了解之后，投资者通常会决定是否达成投资意向。如果达成投资意向，那么 Term Sheet 就会派上用场。换言之，要是投资者愿意给创业者一份 Term Sheet，就意味着他有意向投资创业者的项目。

Term Sheet 是投资条款清单，也被称为投资意向协议。从投资者对项目产生兴趣到最后投资，投资条款清单发挥了承上启下的作用。创投双方在释放并确认合作意愿信号后，可以初步搭建投资框架，以便让彼此就核心条款达成共同认知。

签署投资条款清单后，投资者即开始着手对公司进行深入调查，最后与创业者签订融资合同。现在很多投资者不与创业者签署投资条款清单，而是直接开始调查和合同谈判。这种做法是很有风险的，创业者应该尽量避免，从而更好地保护自身利益。

13.1.2　Term Sheet有何法律效力

从既往经验来看，投资条款清单对融资进程是有影响的，但有些创业者并没有重视其价值。投资条款清单终究是一份代表了投资者和创业者意愿的文件，里面的一些条款是具备法律效力的，所以双方都不能大意。

在投资条款清单中，商业条款通常不具备法律效力，造成这一现象的主要原因如下。

（1）商业条款的严谨性比较强。

（2）尽职调查前，公司不需要充分披露信息。

（3）无法保证相关数据的准确性和真实性。

既然商业条款不具备法律效力，创业者应该如何保护自己的利益？这里更多考验的是创业者的判断力和洞察力。该问题虽然没有标准答案，但以下措施可以将风险降到最低。

（1）不要急于求成，一心想解决"缺钱"的燃眉之急。创业者如果担心投资者"反水"或压价，那就"把丑话说在前面"，与其签署附加合同，辅以一定的违约惩罚条款。

（2）全面调查投资者的诚信记录，如果发现投资者曾经有过不良行为，要敢于"舍弃"，尽快寻找其他机会。必须记住，只要项目够好，就不怕找不到投资者。

（3）刚开始时，投资者可能会说一些大话，做出无谓的承诺，因此在签署投资条款清单前，创业者有必要将这些冗余信息过滤出去，以客观评估自己的核心需求。

与商业条款不同，保密性和排他性条款具备法律效力。一般在签署投资条款清单后，投资者有不超过60天的排他期，以保证有充足的时间进行调查和准备最终的融资合同。

为了防止投资者随意提交投资条款清单以换取进入排他期资格的行为，创业者可以增加肯定性答复条款，确保自己在怀疑投资者正在进行重大改动或发现其缺乏诚意时，要求其给予书面肯定性答复，否则就提前终止排他期。

签署投资条款清单后，因为排他期的作用，谈判优势会从创业者一方转换到投资者一方，所以投资条款清单的内容必须清晰明确，那些核心条款（如一票否决权、优先购买权、优先清算权等）也要正式记录在案，不得出现差池。

此外，创业者在签署投资条款清单前应该事先披露公司的不足之处，以防止投资者在调查时以此为理由大幅度压价。

13.1.3　核心要素：估值、额度、交割

投资条款清单通常有十几页，主要包括以下三大核心要素。

1. 估值条款

估值条款是投资条款清单中必不可少的内容，该条款有两个关键点：估值的计算；估值的分类，即对投前估值还是投后估值进行判断。

（1）估值的计算。估值多少是投资者和创业者都非常关注的内容，详细的计算方法在本书第 4 章中已经有过介绍，这里不再赘述。

（2）对投前估值还是投后估值进行判断。在过去，投资者都是以投前估值为依据进行投资，但其实了解了投前估值和投资者的出资额后，还可以计算投后估值，具体的公式为：投后估值＝投前估值＋投资者的出资额。例如，A公司的投前估值为 2000 万元，投资者的出资额为 500 万元，那么投后估值就是 2500 万元。

2. 投资额度

在投资条款清单中，投资额度表明了投资者会给公司投资的金额。一般该投资金额取得的股权，以及这部分股权占稀释后总股权的比例都会有附带说明。此外，投资额度条款还可以规定投资者的投资方式。除了购买普通股，还可以选择的方式有优先股、可转债等。但即使是普通股，很可能也会有限制条件，创业者应该多注意这一方面。

3. 交割条件

在具体实践中，很多创业者对交割条件的认识不到位，包括一些大公司

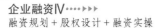

和他们的律师也可能会将交割条件与付款的先决条件混淆。下面我们就来讲一讲什么是交割条件。

交割条件是指当事人进行股权转让或资产过户等交割行为时需要全部满足的前提条件。在双方签署了正式的融资合同后，如果投资条款清单中规定的交割条件没有被全部满足而且没有被当事人放弃，那么当事人不具有交割的义务，交割也就无法进行。

投资者在设置交割条件时，首先会考虑自己的风险承受能力和风险偏好等因素。如果投资者希望在短期内完成交易，且具有较高的风险承受能力，那么交割条件的设定会相对简单，基本上只有相对重要的事项；如果投资者追求低风险，那么会设定较复杂的交割条件，而创业者执行起来也会相对困难。

此外，投资者还会考虑相关条件的可实现性与可操作性，以及交易成本的高低。如果投资者要求创业者采取某一行动的可实现性与可操作性较低，或者将产生巨大的交易成本，那么这并不适合作为交割条件。

现在包括天使投资在内的所有投资都已经逐渐走向正规化、机构化，随之而来的就是制定一套严格的内部流程。在这种大趋势中，如果创业者对某些专业的投（融）资知识还不够了解，那就必须好好补课，不断提升自己的综合能力。

13.2

融资合同十大关键条款

到了签署融资合同的阶段，很多创业者都非常兴奋，有些创业者甚至在没有认真阅读融资合同主要条款的情况下就直接签字、盖章，这样做是很有风险的。在签署融资合同时，创业者要仔细分析以下十大关键条款，谨慎识别其中的漏洞。

13.2.1　分段投资条款

分段投资条款适用于只想分段为公司投资的投资者。此类投资者会先为公司提供当下这一阶段的资金。当项目运作情况良好，达到预期盈利目标后，后续资金才会进入公司账户。如果没有达到预期盈利目标，投资者会调整下一阶段的投资额，甚至放弃投资。

如果双方签署了分段投资条款，投资者会对公司的经营状况与发展潜力进行反复评估，并拥有放弃追加投资的权利与优先购买公司发行股票的权利。这是投资者监督公司经营情况、降低自身风险的一种非常不错的方式。

13.2.2　反摊薄条款

反摊薄条款也被称为反稀释条款，是融资合同中比较常见的一个条款。该条款可以保护投资者的利益，防止投资者因为融资轮次的增多而被边缘化甚至被踢出公司。此外，如果创业者借助信息优势让公司获得了高估值，那么该条款也可以平衡其与投资者之间的关系。

许多投资者会把反摊薄条款作为投资条件之一。例如，原始股东拥有公司 100 股股票，价值 100 万元，投资者 A 向原始股东购买公司 50 股股票，价值 50 万元，此时投资者 A 占有公司 50% 的股权。假设公司准备向另一投资者 B 增发 50 股价值为 50 万元的股票，那么投资者 A 的持股比例就会从 50% 降至 33.33%，这种情况即为比例摊薄。

如果签署了反摊薄条款，投资者 A 的持股比例不会因为后续融资而降低，或者即使降低了也可以得到一定的补偿，从而保证其权利不受损害。

13.2.3　优先购买权条款

优先购买权，是指投资者享有的在同等条件下优先购买股权的权利。在融资合同中加入优先购买权条款，可以让投资者维持一定的股权比例，从而保护投资者在公司的利益。一般来说，关于优先购买权的规定主要有以下两种。

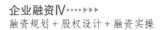

一是创业者为防止股权被过于稀释，规定投资者按持股比例参与优先认购。通常的表述为："如公司未来进行增资（向员工发行的期权和股权除外），投资者有权按其届时的持股比例购买该等股权。"

二是公司发生后续融资行为，投资者可以享有优先购买全部或部分股权的权利。只有投资者放弃购买的，创业者才能向第三方融资。通常的表述为："公司上市之前，股权持有者尚未向其他股权或优先股的已有股东发出邀约，则不得处分或向第三方转让其股权。根据优先购股／承股权，其他股东有优先购买待售股权的权利。"

对于创业者来说，如果股东享受优先购买权但没有期限，很可能会造成交易资源的浪费，并进一步危及交易安全。对此，创业者在与投资者签署融资合同时，可以针对优先购买权设置合理的期限。

公司进行融资时涉及的法律问题颇多且棘手，股权转让及内部股东利益分配不均很容易导致出现僵局。因此，创业者应当在融资前就考虑好相关事宜。

13.2.4 竞业禁止条款

竞业禁止条款是指公司的核心人员，如高级管理者、董事、经理、技术人员等不得自行经营或与他人合作经营和公司同类的业务。该条款与股权锁定条款相似，目的都是对公司的核心人员形成约束，从而在一定程度上防止其自行创业或帮助公司的竞争对手。

例如，公司创始人 A 具有非常丰富的电商销售经验，在公司融资过程中，A 凭借其成功的销售经验拿到了 300 万元资金，同时融资双方签署了竞业禁止条款。但是，在公司后续发展过程中，创始人 A 与创始人 B 意见不合，对公司经营提出了不同的想法，而公司更偏向于支持创始人 B，这时，如果 A 想脱离该公司另行创业，是没有办法实现的。

因为 A 在融资过程中签署了竞业禁止条款，他不能再从事电商销售这一行业。如果他想离开该公司，就必须从头开始，寻找其他行业的创业项目。

创始人在进行融资时，需要充分认识这一条款，做好相应的心理准备。

如果必须要签署该条款，就应该对其发生的所有条件提前设想，做好预案，这样才能避免在以后的发展中处于被动局面。

13.2.5　随售权与拖售权条款

在融资合同中，随售权与拖售权条款是十分常见的。如果这两个条款的内容不明确，就会给融资进程带来一些问题，严重时还会直接导致融资失败。对于创业者来说，充分了解这两个条款很有必要。

1. 随售权 / 共同出售权（Tag-Along Rights）条款

如果公司控股股东拟将其全部或部分股权直接或间接地出让给任何第三方，则投资者有权但无义务，在同等条件下，优先于控股股东或按其与控股股东之间的持股比例，将其持有的相应数量的股权出售给拟购买待售股权的第三方。

2. 拖售权 / 强制出售权（Drag-Along Rights）条款

如果在约定期限内，公司业绩达不到约定的要求或不能实现上市、挂牌、被并购的目标，或触发其他约定条件，投资者有权强制公司的控股股东按照投资者与第三方达成的转让价格和条件，和投资者共同向第三方转让股权。

13.2.6　回购权条款

投资者进行投资不是为了做公益，而是为了变现。创始人如果经常回购股权，那就意味着项目出了状况。在这种情况下，投资者为了实现高收益目标，就会要求在融资合同中加入回购条款，对创始人的回购权做出相应规定。

通常情况下，当出现下列现象时，投资者会要求主要股东和现有股东部分或者全部回购其所持有的股权。

（1）公司主要股东将股权全部转让或者部分转让，而使投资者失去主要股东地位，或者不得不辞去董事长、总经理等职务。

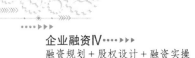

（2）在规定时间内，公司实际净利润低于承诺净利润的 70%，或者公司不能完成 3 年整体业绩目标。

（3）从投资者投资到公司首次公开发行股票，其间公司违反工商、税务、环保、土地等相关法律法规，并且受到追究而导致公司出现法律瑕疵，无法申报上市或申报时间延迟。

（4）资金到位后，在规定时间内投资者不能通过上市或并购等方式退出。

（5）从投资者投资到公司首次公开发行股票，其间公司主营业务发生重大变更。

当以上现象出现时，股东就需要按照约定好的价格对投资者的股权进行回购，以此来保证投资者的利益。

13.2.7 保护性条款

保护性条款（Protective Provisions）是投资者为了保护自身利益而要求在融资合同中加入的条款。该条款通常要求公司在执行可能损害投资者利益的决策前，要及时告知投资者，并获得投资者的批准。这样就相当于给予投资者对某些事项的否决权。

投资者通常会派驻代表进入董事会，拥有投票权，参与相关决策，那为什么还要签署保护性条款呢？众所周知，董事会的法律职责是为了公司利益而工作。但有的时候，公司利益与投资者利益是不一致的，而且股东会和董事会一般由占股最多的创业者控制，即便投资者是董事会成员，也需要通过其他渠道来保护自己的利益。

常用的保护性条款内容如下。

只要有任何优先股仍然发行在外流通，以下事件需要至少持有 50% 优先股的股东同意：修订、改变或废除公司注册证明或公司章程中的任何条款对优先股股东产生不利影响；变更法定普通股或优先股股本；设立或批准任何拥有高于或等同于优先股的权利、优先权或特许权的其他股权；批准任何合并、资产出售或其他公司重组或收购；回购或赎回公司任何普通股（不包括董事会批准的根据股权限制协议，在顾问、董事或员工终止服务时的回购）；宣布或支付给普通股或优先股股利；批准公司清算或解散。

王辉是一家信息管理公司的创始人。在 B 轮融资谈判过程中，投资者列出了五六十条保护性条款，连公司购买物资都需要 60% 的优先股股东一致通过。王辉当然不同意，经过与投资者多次沟通、讨论，这些条款最终缩减到一半，不至于使管理层的经营束手束脚。

王辉的例子告诉大家，保护性条款可以接受，但谈判空间是非常大的。以一票否决权为例，可以限定投资者在特定事项上使用一票否决权的条件。比如，公司以不低于特定估值被收购时，投资者不可以使用一票否决权，这样可以避免投资者对回报期望太高，阻止收购的情况发生。更进一步的话，创业者可以将一票否决权的范围限制在对投资者利益有重大损害的事项上。至于最终的一票否决权条款是什么样子，与创业者是否擅长谈判有关。

保护性条款的逻辑是合理的，创业者不需要过于害怕。聪明的投资者都知道公司的成功依靠的是创业团队，即便他们拥有保护性条款，也不会否决那些对公司发展有利的重大决策。如果投资者的保护性条款内容过于苛刻，创业者可以积极沟通，双方各让一步通常就能解决问题。

综上所述，保护性条款会在一定程度上干扰公司的正常运营，创业者与投资者商谈此条款时需要找到一个适当的平衡。

13.2.8　一票否决权条款

一票否决权条款又被称为重大事项否决权条款。该条款可以保证投资者在公司（有时会包括其子公司）的重大事项及其决策上拥有否决权。那么，创业者应当如何对待该条款呢？

首先，要了解一票否决权的范围。通常，一票否决权的范围包括关于公司最重大事项的股东会决策和关于公司日常运营重大事项的董事会决策两类，如表 13-1 所示。

表 13-1　一票否决权的范围

项　目	具体内容
关于公司最重大事项的股东会决策	融资导致的股权结构变化； 公司合并、分立或解散； 涉及股东利益分配的董事会及分红； 股东会决策通常会涉及章程变更等
关于公司日常运营重大事项的董事会决策	终止或变更公司主要业务； 高层管理人员的任命与免职； 对外投资等预算外交易； 非常规借贷或发债； 子公司股权或权益处置等

如表 13-1 所示，从整体上看，股东会决策的范围仅限于涉及股东权益的最重大事项，而董事会决策的范围则涵盖了日常运营中的各种事项。

关于这一条款，有很大的谈判空间。创业者可以接受投资者的一票否决权，但要限定投资者在特定事项上使用。

此外，创业者是否接受投资者的一票否决权，还要看投资者的投资金额以及股权比例。 如果是种子和天使阶段较小额度的融资，投资者一般不会要求一票否决权。因为投资金额和股权比例比较小，投资者坚持用一票否决权来保护自己是不合常理的。

如果是 A 轮以及后续轮次的融资，大多数投资者都会坚持要求自己拥有一票否决权。由于投资金额和股权比例比较大，这一要求也是合理的。

创业者还可以要求一票否决权的行使需要过半数投资者同意。这一约束措施可以防止单个投资者为了谋取个人利益而使用一票否决权的情况发生。半数以上的投资者联合起来使用一票否决权，符合少数服从多数的公平理念。

13.2.9　土豆条款

有些创业者在融资前可能就已经迈入婚姻殿堂，其婚姻关系与其人身利益和财产利益息息相关，也很容易对公司的发展和股权的稳定性产生影响。因此，投资者为了防止创业者出现突发问题，推出了一些特色条款，"土豆条款"就是其中之一。

假设创始人与其配偶的婚姻关系不稳定，存在婚姻变动风险，可能会对公司上市产生影响，那么投资者就可以要求在合同中增加"土豆条款"（创始人承诺婚姻可持续，有时会要求创始人的配偶签署承诺函，保证自己不就股权提出任何主张）。

此外，如果投资者对公司的组织架构和双方应该负责的职务没有足够的信心，那么可以提出在合同中加入这个方面的条款，具体内容如下。

投资合同

第××条

甲（公司）、乙（投资者）双方或甲方成立项目，公司设董事会，董事会是公司的最高权力机构，决定公司一切重大问题。董事长由甲方法定代表人担任。

第××条

董事会及其组织机构以《中华人民共和国公司法》及《中华人民共和国公司法实施细则》为依据，并参考甲、乙双方的共同意愿来完成。

第××条

乙方享有公司的股权，但不参与公司管理，不承担日常经营过程中所发生的一切经济及法律风险。公司由甲方负责管理与经营，乙方委托开户银行或者委派财务总监对投资款流向进行日常监督，甲方必须做到资金专款专用，并定期向乙方汇报资金使用情况。

13.2.10　估值调整条款

估值调整条款（Valuation Adjustment Mechanism）其实就是大家非常熟悉的对赌条款。该条款的逻辑在于，投资者和创业者之间存在信息不对称的问题，所以为了避免自己"看走眼"，投资者会要求享有调整估值的权利。例如，当触发约定条件时，投资者可以降低公司的估值，以使该估值与公司的真实价值相匹配。

在谈判时，与估值调整相关的条款包括但不限于以下内容。

1. 现金补偿或股权补偿

若公司的实际经营指标低于承诺的经营指标，则控股股东应给予投资者现金补偿或以等额的股权给予投资者股权补偿。应补偿现金 =（1− 年度实际经营指标 ÷ 年度保证经营指标）× 投资者实际投资金额 − 投资者持有股权期间已获得的现金分红和现金补偿。

但是，股权补偿机制可能导致标的公司的股权发生变化，影响股权的稳定性，在上市审核中不易被监管机关认可。

2. 回购请求权

回购请求权（Redemption Option）是指，如果在约定期限内，公司业绩达不到约定要求或不能实现上市、挂牌、被并购目标，投资者有权要求控股股东和其他股东购买其持有的股权，以实现退出；也可以约定溢价购买股权，溢价部分用于弥补资金成本或基础收益。

如果投资者与公司签署该条款，那么当触发回购义务时，将涉及减少标的公司的注册资本，操作程序较复杂，不建议采用。此外，投资者与股东签署的条款是各方处分其各自财产的行为，应当认定为有效。但投资者与公司签署的条款涉及处分公司财产，可能损害其他股东、债权人的利益，或导致股权不稳定，以及产生潜在争议，则应该认定为无效。

13.3

警惕融资合同中的风险

投资者在与创业者签署融资合同时，稍有不慎便可能发生纠纷，导致双方合作以不体面的方式收场。要想避免这种情况，关键在于警惕融资合同中的风险，包括创始团队的股权被锁定、签署对赌条款、进行私人财产担保等。

13.3.1　创始团队的股权被锁定

股权被锁定意味着创始团队不能转让或出售自己手里的股权，大多数创始团队为了顺利融资，也为了保证公司的稳定性，都会选择接受与之相关的条款。但此类条款也让创始团队陷入"想走不能走"的困境，甚至有的创始团队因为接受此类条款而遭受巨大损失。

夏河与陈湖是大学同学，两人毕业后一起创立了一家手游公司，全力进军手游市场。为了拿到天使投资者的投资，夏河与陈湖没有考虑到融资合同中股权锁定条款的影响，这为他们后来的遭遇埋下了伏笔。

依靠巨额投资，夏河与陈湖的手游公司先后推出了多款游戏，得到市场认可。然而，随着合作上的矛盾越来越多，夏河与陈湖的关系不再亲密无间。最终，夏河递交了辞呈，决定将自己的股权转让出去，然后通过二次创业实现自己的梦想。

但由于融资合同中包含股权锁定条款，除非投资者同意或者公司上市，否则夏河不能转让自己的股权。这家手游公司目前还处于天使轮融资状态，距离上市还有一大段距离，如果等到上市以后夏河再进行二次创业，那就为时已晚。

夏河与陈湖共同创建的手游公司始终勉强经营着，持有股权的夏河因此被套牢。夏河的遭遇虽然让人同情，但不可否认的是，如果没有股权锁定条款，夏河轻易转让了自己的股权，对当初投入资金的投资者来说会是很大的损失。

同样是股权转让被限制，王兵与夏河的遭遇截然不同。王兵是广州一家公司的创始股东，在股权限售期内卖出了自己持有的全部股权。以下是该公司在 2022 年 1 月 15 日发布的《关于股东签署附生效条件的股权转让协议的公告》的主要内容：

"公司于近期得知，创始股东王先生因个人创业需要资金，经与张女士多次协商，欲将其持有的股权转让给对方，每股价格为 5.25 元。由于该股权处于限售期内，双方签署了附带期限生效条件转让合同，张女士以借款名义向王先生提供 500 万元，作为转让款的一部分，同时双方签署股权质押合同，王

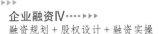

先生持有的全部股权质押在张女士名下，并办理了股权质押手续。王先生近期辞去监事职务，其持有的全部股权需半年后方可解除限售。"

无论是股权锁定还是股权限售，这些条款都不是绝对的。只要创始人与投资者协商沟通，征得投资者同意，是可以转让股权的。股权锁定条款是合理的，几乎所有投资者都会要求这一条款，因此创业者要做好准备。

13.3.2　私人财产担保是一个"大坑"

很多人都知道，私人财产担保有风险，现在这件事已经出现在融资过程中。有些创业者为了吸引投资者，让自己的亲属为融资进行私人财产担保，结果导致自己和亲属都遭受了巨大损失。下面以张勇的经历为例，介绍私人财产担保背后的"大坑"。

张勇于 2022 年 6 月获得了 8000 万美元的投资，但投资者要求在融资合同中加入财产担保条款，即创始人及其直系家庭成员以个人名义和财产为此次融资做担保。张勇不知道这样的条款是否合理，所以一直没有签署融资合同，投资者的资金也就迟迟没有到账。

实际上，对于张勇这样的早期创业者来说，财产担保条款是一个大"坑"，稍有不慎就会掉进去。因为公司刚刚成立，市场风险非常大，一旦经营不善，张勇的资金就打了水漂。但如果有财产担保条款，投资者就可以向张勇索要赔偿，以弥补自己的损失。公司倒闭后，张勇的所有辛苦和努力都化为泡影，再加上投资者那边的债务，他确实难以承受。

因此，对于财产担保条款，创业者能避免就避免，这才是理智而正确的选择。当然，并不是所有投资者都会要求财产担保条款。即便如此，创业者还是要提高警惕，以防自己陷入困境。总之，在成功获得融资前，创业者完全可以聘请一位专业且经验丰富的律师，帮助自己发现融资合同中不合理的条款。

13.4
签署融资合同的注意事项

融资涉及金融、财务、法律、公司管理等多个方面，专业性非常强，而融资合同则是各方权利和义务的最终体现。在投资者面前，创业者要保持冷静与谨慎，牢记签署融资合同时应注意的事项，防止自己遭受不必要的损失。

13.4.1 只关注估值，很可能会吃亏

下面这个故事会告诉你为什么融资条款比公司的高估值更重要。

李伟创办了一家在智能家居领域具有突破性的公司，并成功吸引了一位天使投资人。天使投资人表示愿意投资 500 万元，估值 2000 万元，占股 25%。

拿着 500 万元投资，李伟和他的创业团队在一间办公室里热火朝天地干了起来。在做出产品模型后，李伟开始拿着产品模型去找风险投资者，很多投资者都有投资意向。

李伟对股权稀释非常敏感，但是还想要尽可能高的估值。最终，一家风险投资机构给出了 5000 万元估值，希望投资 1000 万元，占股 20%。由于估值较高，风投要求享有优先清算权，以确保公司出问题时能收回本金。

李伟对这个估值很满意，而新的投资也只稀释了 20% 的股权。天使投资人也很高兴，因为他只用 500 万元的投资就占有了一家热门公司 25% 的股权。根据最新的融资合同，天使投资人的资本已经相当于 1250 万元，是其投资额的 2.5 倍。

拿到 1000 万元投资后，李伟租了新的办公室，招聘了更多员工。接下来几个月，他们开发出产品并投放市场进行测试。直到此时，李伟还没有对用户数据做过统计，产品也没有变现。

在这种情况下，李伟的公司又吸引了一家科技巨头的注意。双方接触后，这家科技巨头希望投资 5000 万元，占股 25%，公司估值 2 亿元。

李伟非常高兴，2 亿元的估值可以使公司成为明星创业公司。天使投资人获得 10 倍回报，风险投资者获得 4 倍回报。当然，科技公司 5000 万元的投资同样要求优先清算权，在公司出状况时可以保护自身利益。

接下来的发展就不那么顺利了。公司开始了大范围的广告投放，但转化率很低。广告投放计划烧光了 5000 万元，而用户量仅增长了 10 倍。而且，从用户数量看，李伟的公司价值仅有 5000 万元。

公司价值被高估的消息不胫而走，员工失去了工作积极性。几名核心员工因为不满公司的股权架构和投资者的优先清算权条款选择离职。此时，李伟意识到问题严重，但是以现在的状况根本筹不到钱。于是，掌握着 70% 股权的投资者决定撤掉李伟，找一位临时 CEO 掌控大局。

临时 CEO 建议借债维持运营。然而，公司每个月租金、产品原材料、员工工资就要花掉 200 万元，现金流非常紧张，根本没有银行愿意贷款给他们。幸运的是，一家上市公司提出了收购公司的想法，他们愿意出资 5000 万元。

这个估值虽然远低于之前的 2 亿元，但考虑到公司境况，依然是一个可观的数字。

由于天使投资人、风险投资者以及科技巨头都有优先清算权，所以他们都愿意卖掉公司，因为这样至少不会亏损。李伟也赞成卖掉公司，他仍然是董事会成员，如果公司拒绝这次收购，最终的结局很可能是破产。破产就意味着他将背上债务。

算下来，公司需要优先向三位投资者支付的钱为 100 万 +1000 万 +5000 万 =6500 万元。此外，公司还需要支付律师费用和银行服务费用等。这时李伟才发现，优先支付的钱已经超过了 5000 万元的收购费用，他最终落得净身出户的结局。

上述案例告诉大家，创业者应当关注融资条款，而不要只看估值。最好的办法是请一位投（融）资方面的专业律师为融资合同把关。从专业律师那里，创业者可以得到对自己更有利的建议。当然，创业者也不能完全依靠别人，自己也要理解融资合同中的各个条款。

13.4.2　不要为了筹钱去做让自己后悔的交易

与创业者相比，投资者经历过更多融资事件，也更了解融资合同中的各种条款和规则。也正因为如此，有些创业者即使非常优秀，也还是会因为缺乏经验和急于筹钱而做出让自己后悔的交易。

何晓天是一个 App 创业者，他所做的 App 吸引了一家大型移动互联网数据分析公司的注意。这家数据分析公司的用户调研团队想要获得其 App 数据。对于何晓天来说，如果能够拿到这家数据分析公司的资金支持，他就可以面向用户大量投放广告，增加用户基数，并依靠规模化的网络效应超过竞争对手。

经过几次洽谈后，这家数据分析公司希望投资 1000 万美元，占股 20%，公司估值 5000 万美元。同时双方开展战略合作：该数据分析公司获得 App 数据接入权限，何晓天所做的 App 则必须通过数据分析公司的广告平台大规模投放广告。

何晓天认为，拿 1000 万美元用于 App 推广将是行业内重大规模的推广宣传活动，将会为他吸引到更多的投资者。于是，何晓天答应了数据分析公司的要求。

然而，事情的发展并不顺利，广告投放的转化率非常低。于是何晓天试图终止在该数据分析公司广告平台的广告投放计划。何晓天将广告数据拿给数据分析公司看，但是该数据分析公司不肯让步，因为这是他们当初愿意投资的条件。

在之前谈判时，何晓天只想着拿到资金，并没有与投资者就广告投放效果做出约定。而该投资者则希望通过在何晓天自己平台投放广告，拿回用于投资的 1000 万美元。在这种情况下，何晓天不得不履行原来的承诺，并因此将 1000 万美元全部花在了投资者的广告平台上。

由于用户增长缓慢，而且"免费＋付费增值服务"模式使得用户维护成本非常高，何晓天很快就发现公司需要再一次融资。

何晓天的经历告诉我们，应当把融资合同与业务发展合同分开谈判。如果投资者要求融资合同与业务发展合同挂钩，最好不要接受。

13.4.3 防止投资者无故退出

有时投资者为了止损，会选择退出公司，这是比较正常的，毕竟投资者的钱也是自己努力赚来的。如果投资者有正当理由，提出的要求也符合相关规定，那么创业者就应该尊重投资者，允许投资者退出。但还有些投资者在合约期内就要求退出，而且也没有说明原因，此时创业者就必须谨慎应对了。创业者可以提前设计一些方案来防止投资者中途无故退出。

1. 公司亏损退出方案

投资者投资，大多是因为看好公司的发展形势。然而当公司发展形势不明朗时，投资者一般会及时止损，提出退出申请。在公司发展困难期投资者退出无疑会让公司雪上加霜。因此，为保证公司继续发展，创业者需要建立一套完善、可行的退出机制。

在建立退出机制时，创业者要明确：投资者可以退出，但不能带走股权。在公司亏损时提出退出的投资者没有必要挽留，而其初期的投资行为也可以看作是一种投机行为。

为了避免公司资金链断裂，影响公司存续，创业者要在退出机制中约定，如果投资者在公司亏损状况下退出，不能带走公司的启动资金和其所持有的股权。

2. 公司盈利退出方案

根据相关法律规定，投资者不能随意撤回投资，否则就算抽逃出资，会受到行政和刑事处罚。投资者只有在符合相关退股的法定情形下，才能在合约期中途退股。如果公司运营良好，一直处于盈利状态，投资者因为自身原因要在合约期内退股，只能选择转让股权、请公司回购股权或者诉请解散公司。

在这种情况下，公司制定退出机制应该主要考虑价格因素。回购价格偏低，会损害退出投资者的利益，但因其是在合约期内退股，所以回购价格也不宜过高。在确定回购价格时，创业者可以采用以下 3 种方法。

（1）协商价格。在投资者申请退出后，公司与其协商一个双方都满意的股权回购价格。

（2）章程事先约定价格或者计算方式。公司与投资者签署入股合约时可以规定股权回购价格，例如以退出时公司净资产计算，或是按原始出资价格退回等。

（3）司法评估价格。因为公司强制收回股权等情况，投资者向人民法院申请诉讼退股，法院一般会委托专业评估机构对回购价格进行评估。

3. 股权转让限制退出方案

股权可以自由转让，但不等于可以随意转让。创业者应该设置股权转让限制，包括接手人资格限制、股权转让场所限制、股权转让时间限制等，这样可以更好地保护公司和其他股东的利益。例如某公司就规定，投资者要想退出，必须满足持有股权一年以上的条件。

章末总结

1. 如果创业者和投资者就融资达成了一致意见，那么签署融资合同便成为必备环节。但融资合同的签署不是随便写个名字就可以，而要涉及条款确认、风险识别等诸多事宜。为了避免在签署融资合同时出现问题，创业者应该提前了解相关事宜。

2. 从理论上来讲，投资条款清单对创投双方没有很强的约束力，但出于维护自身信誉的需要，双方还是要遵守相关条款，不要随意违规。

3. 虽然正式的融资合同会对投资条款清单做进一步细化，但创业者不能因此就指望有些条款可以在后续谈判中重新商议。在谈判中，投资者同意更改条款的情况是很少出现的。

4. 签署融资合同能维护当事人的利益，确保当事人拥有相对平等的地位。在签署融资合同前，创业者要了解十大关键条款，防止投资者抓住其中的漏洞，做出影响公司发展的事。

5. 分段投资条款、反摊薄条款、优先购买权条款、竞业禁止条款、随售权与拖售权条款、回购权条款、保护性条款、一票否决权条款、土豆条款、估值调整条款都是创业者需要重点关注的条款，创业者必须谨慎识别其具体内容。

6. 融资合同与创投双方的利益挂钩，稍有疏忽就可能酿成大祸。这就要求创业者在签署融资合同时必须十分谨慎，仔细识别潜藏在其中的风险，如股权被锁定、私人财产担保等。

7. 到了签署融资合同的阶段，基本就相当于融资已经成功。但越是紧要关头，创业者越要保持清醒，不要被资金即将到手的喜悦冲昏头脑，做出让自己后悔的选择。

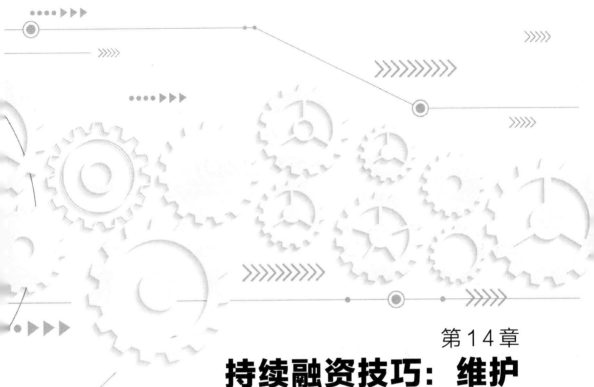

第14章

持续融资技巧：维护好创投关系

融资经验丰富的创业者都知道，有些投资者看上去很热情，对项目也很感兴趣，并表示会进一步了解项目，但过后往往就失去了音讯。为什么呢？因为创业者没有维护好创投关系，导致繁忙的投资者将项目忘于脑后。

大多数投资者缺少的不是好项目，而是时间。他们既负责找项目，也负责管理基金，还要为公司筹集更多资金。所以，需要主动的是创业者，而不是繁忙的投资者。

$$\boxed{14.1}$$

投资者为公司助力

　　创业者与投资者应该是彼此成就的关系。具体地说，投资者不会只为创业者提供资金，而是会尽自己所能在诸多方面帮助创业者，让创业者有强大的综合实力，将公司做大做强。总之，聪明的投资者可以意识到创业者的潜在价值，也会利用自身资源去成就创业者。

14.1.1　为创业者提供转型建议

　　正所谓"当局者迷，旁观者清"，创业者在看待自己的公司时可能会陷入误区，而投资者每天都和不同的公司打交道，经验十分丰富，他们可以清楚地看到公司在某些方面的不足。因此，当公司出现问题时，这些投资者可以为创业者提供不错的转型建议，从而推动公司发展。

　　对于创业者来说，可以提供转型建议的投资者是非常好的搭档。他们不是纸上谈兵，也不会以一种高高在上的姿态对创业者提出的问题指手画脚，或在投资后什么都不让创业者插手。他们会在公司陷入困境时适时为公司提供转型建议，与创业者共同推动公司发展。

　　硅谷知名投资者里德·霍夫曼（Reid Hoffman）在投资 PayPal 时就为 PayPal 提供了很多非常有价值的建议。2000 年，PayPal 年收入约 1200 万美元，但霍夫曼知道，如果 2001 年的年收入不能达到 1500 万美元，那 PayPal 就会面临破产的风险。

在这种情况下，霍夫曼打算帮助 PayPal 渡过危机。他与 PayPal 的核心成员一起讨论未来发展方向，并分析了盈利状况、成本结构等数据。后来他提出了一个办法——让在场的人想一个创业主意，帮助 PayPal 设定一个转型计划。

当时霍夫曼的想法是："所有人都应该建立一个极具个性化的档案，让自己可以在网上找到想找的人。"这个想法看似没有什么特别之处，却成为 LinkedIn 的一个早期版本。后来他辞去自己在富士通的职位，全职加入 PayPal，成为 PayPal 的 COO。在 PayPal，他专门负责对外业务，说服银行与 PayPal 合作。当然，他也是 PayPal 的"超级消防员"，负责为 PayPal 处理复杂的市场竞争问题。

经过霍夫曼的努力，PayPal 发展得越来越成熟，市值也不断提升。最终在 2002 年，PayPal 被 eBay 以 5 亿美元价格买走，霍夫曼全身而退，并获得了相应的回报。

市场竞争渐趋激烈，创业者稍有不慎就会落于人后。从这个角度来看，创业者与竞争对手抗衡的一个有效方法就是比他们更快、更强。有些投资者在业内工作多年，有丰富的经验，可以帮助创业者达成比竞争对手更快、更强的目标。如果与这样的投资者合作，创业者面临的风险会更低，在遇到问题时也有"救命稻草"可以抓。

14.1.2　发动可用资源，支持公司发展

资金是创业者的"子弹"，也是创业者在市场上"攻城略地"的必备武器。如果缺少资金，等待创业者的很可能就是项目失败。优秀的投资者会为创业者提供资金，同时也会在后续融资中为创业者提供技术、人才等方面的资源支持。

雷军与凡客诚品创始人陈年的友谊被传为佳话。在陈年创业困难时，雷军多次挺身而出，为其出谋划策，帮其渡过难关。雷军还把联创公司创始人冯

波和 IDG 公司创始人林栋梁引荐给陈年，让陈年找他们为凡客诚品投资。

后来，雷军又将小米公司成功的方法传授给陈年。在雷军的帮助下，陈年重新找到了方向。凡客诚品开始致力于衬衣品牌。为了转型成功，凡客诚品进行了多轮融资，其中最坚定的支持者就是雷军。在雷军的领投下，软银赛富、IDG、联创策源、淡马锡、启明资本、中信资本、和通等投资者／机构均参与了凡客诚品的融资。

上述案例告诉大家，投资者应该像雷军这样，不仅可以自己拿出资金帮助创业者，还可以为创业者引荐其他投资者，最重要的是在创业者遇到困难时不离不弃，帮助其走出困境。

14.1.3 在无形中产生背书效应

有些创业者为了增强项目对投资者的吸引力，通常会借用原投资者的信誉，使原投资者在无形中产生背书效应。通过背书效应，创业者可以与投资者建立一种可持续、可信任的强关联。新加入的投资者很可能会因为看重原投资者的知名度、美誉度、权威性而选择为公司投资。背书效应不违规且效果很好，创业者可以尽量发挥其作用。

一些企业家有突出的创新精神和领导力，在投（融）资界树立了鲜明的个人形象，如 IBM 的郭士纳、微软的比尔·盖茨、GE 的杰克·韦尔奇、格力的董明珠、海尔的张瑞敏等。他们通过商业或者慈善场合，与同仁分享成功经验和失败教训，有极强的影响力。如果公司曾经获得过他们的投资，那就相当于有了他们的背书，之后会更容易得到其他投资者的信任。

还有一种企业家，他们让自己的个人形象朝娱乐化方向发展，在一定程度上已经成为品牌代言人。例如，雷军就已经成为小米的代言人，并涉足节目主持、出书等一系列工作，在把睿智和幽默带给人们的同时，也在无形之中发挥了自己的背书效应。这种背书效应会延伸到他曾经投资的公司上，使这些公司可以在融资时更容易获得投资者信任。

背书效应的本质是原投资者可以提供资源、技术、品牌等方面的信任感，让公司展现出独特价值，从而使公司获得其他投资者的青睐。因此，如果公司曾经与具有高威望、高价值并能直接为公司冲锋陷阵的投资者合作过，那就一定要在融资过程中展示出来。

14.2
如何维护双方的创投关系

融资不是一锤子买卖，拿到资金后就不再搭理投资者的做法是不正确的。即使融资已经完成、资金已经到账，创业者也要与投资者保持沟通，想方设法维护双方的关系。

14.2.1　与投资者一起管理预期目标

创业者与投资者产生纠纷，从而导致公司发展受阻的事屡屡发生。确实，双方在某些方面的诉求是有一定差异的，为了消除这种差异，维护双方良好的关系，促使项目获得更稳定的发展，创业者应当学会与投资者共同管理预期目标。创业者可通过以下方法和投资者共同管理预期目标，如图 14-1 所示。

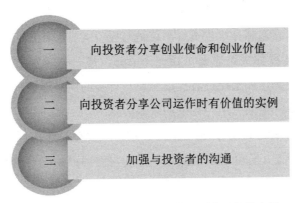

图 14-1　创业者和投资者共同管理预期目标的方法

（1）向投资者分享创业使命和创业价值。首先，创业者需要问自己一些问题："我创建公司的目的是什么？""创业团队最重要的准则是什么？""我的目标计划是什么？"回答完这些问题之后，创业者便会清晰地评估投资者、团队成员以及其他合作伙伴。

其次，让投资者了解公司使命和价值的重要性。在向投资者介绍公司使命和价值时，创业者可以向投资者发一些提示卡，然后通过幻灯片来介绍每项提示内容。这种方法可以让投资者自行选择，节省了双方的时间。

（2）向投资者分享公司运作时有价值的实例。一些可以表现公司特质的案例对投资者来说更有说服力。

（3）加强与投资者的沟通。创业者不能凭空猜测投资者的想法，可以定期召开投资者会议，与投资者讨论自己的计划，甚至可以找一些双方都认识的朋友一起聊聊。

与投资者共同管理预期目标可以防止双方在公司发展方向等关键问题上产生重大分歧。即便出现小矛盾，也能及时解决，不至于造成大问题。

14.2.2　建立定期联系制度

确定潜在投资者后，创业者需要找到一种礼貌的方式保持与投资者的联系。有可能的话，见面次数越多越好，这样会增加项目成功融资的概率。

有的创业者在与投资者见面后，单方面等待投资者联系自己，认为投资者不联系就是对项目没有兴趣。事实并非如此。在见面后的第二天，创业者应当发一封简短的感谢邮件给投资者。这是与投资者见面后最应该采取的行动。

如果投资者跟你提过想要试用一下 App，那么你所发送的邮件就应当是用户名和登录密码。如果投资者提过想要与更多的用户谈谈，那么你就应当提供一份用户名单，上面有用户详细的联系方式。

在联系投资者的过程中应当注意分寸感，要在持续的联系与打扰之间保持一种微妙的平衡。你会逐渐达到这种平衡，但切记始终不能越界，否则可能会惹怒投资者。

当你达成所愿再次见到投资者时，你可以微笑着对投资者说："非常抱歉我总是催促您与我会面，但我想您一定更愿意投资一家像我们这样努力去争取用户的公司，对吧？"与投资者联系但保持分寸感是一种相处的艺术，创业者应当在生活中锻炼自己的这种能力。

14.2.3　赋予投资者一定的归属感

近几年，心理学家对归属感问题进行了大量研究，结果发现：那些缺乏归属感的人对生活、工作、社交缺乏激情。如果投资者在投资后能够从创业者那里找到归属感，那么投资者会更重视自己在项目上的投资，并为公司付出更多。

那么，创业者应该如何为投资者创造归属感呢？下面是 3 种方法，如图 14-2所示。

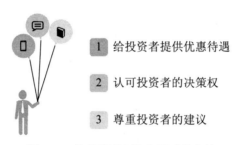

1　给投资者提供优惠待遇

2　认可投资者的决策权

3　尊重投资者的建议

图 14-2　为投资者创造归属感的方法

（1）给投资者提供优惠待遇。当投资者作为创业公司的消费者时，应当从价格和待遇上让投资者享受到优惠待遇。比如，让投资者享受最高等级的VIP 特权等。

（2）认可投资者的决策权。作为项目股东，投资者在行使其应有的决策权时，创业者不要过多干预，而要给予应有的认可。项目运作过程中为了提高效率，不会所有的决策都要经过股东，但是不能因为这样就忽略了股东参与决策的权利。

（3）尊重投资者的建议。对于投资者提出的建议，创业者需要逐项记录并适时作出回应。但是创业者并不需要对投资者提出的所有建议都无条件执行，考虑到项目实际状况，对于那些不便采纳的建议要给予解释。否则投资者会认

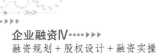

为自己的一腔热情换来了一盆冷水，长期下去其热情会被浇灭。

投资者在所投资的创业公司感受到爱和归属感，会提升其对项目的参与热情。有的投资者甚至会将创业者当成朋友，在创业者遇到困难的时候提供各种援助。

14.2.4 为投资者提供足够的帮助

如果生活是一场旅行，那么投资就是一场探险，中途会有各种各样的突发情况，让投资者应接不暇。如果创业者看到了投资者的问题，并帮助他解决了问题，那投资者会对创业者很产生好感。当然，对于创业者来说，这样也相当于为自己的融资之路加了一份保障。

Sequoia Blodgett 是一位从娱乐行业转行到科技行业的创业者，创立了在线教育公司 7AM。硅谷顶级投资者 Tim Draper 是 Sequoia Blodgett 的天使投资人。

在得知 Tim Draper 发起创业指导项目"英雄学院"之后，Sequoia Blodgett 非常想要参加学院的创业课程。因为 Sequoia Blodgett 知道，这一课程肯定有利于自己创业。然而，英雄学院的学费非常高，一个 7 周的课程需要近 1 万美元。因为支付不起昂贵的学费，所以 Sequoia Blodgett 想通过众筹的方法筹集学费。

Sequoia Blodgett 开始打电话给朋友和曾经的同事，希望得到他们的帮助。一个朋友告诉她，大学实习过的某个电台节目负责人正在做一档火爆的电台节目，她可以上节目试试。于是 Sequoia Blodgett 想到了一个方法：只要自己和英雄学院的一个学员一起出现在这个节目上，不仅可以为自己众筹学费，还能帮助英雄学院提升知名度。

令 Sequoia Blodgett 想不到的是，英雄学院的创始人 Tim Draper 居然找到自己，提出要亲自与她一起上节目。在此之前，Sequoia Blodgett 根本没有见过 Tim Draper。

两周后，Sequoia Blodgett 和 Tim Draper 到了那家电台，完成了一期非常成功的节目。Sequoia Blodgett 和 Tim Draper 的关系也因此亲近了很多。随后她成功进入英雄学院学习创业课程，并且拿到了 Tim Draper 的投资。

Sequoia Blodgett 认为之所以能够拿到 Tim Draper 的投资，是因为自己提供了一些东西，而这些东西可以帮助到 Tim Draper。Sequoia Blodgett 称："如果要拿投资，有时候仅有商业计划书是不够的，你需要想想，自己能为投资者带去什么额外的价值。在这个基础上再去认识投资者，就会容易得多。"

Sequoia Blodgett 的案例告诉大家，在接触投资者之前，可以了解投资者当前是否遇到一些麻烦或者自己可以提供帮助的事情。总之，提供一些必要的帮助是创业者和投资者建立良好关系的好方法。

(14.3) 合理利用投资者的社交资源

融资之路是非常艰难的，创业者除了要学会坚持外，还要充分利用投资者的社交资源，让这些社交资源真正发挥作用。

14.3.1　让投资者引荐高素质人才

21 世纪，公司与公司之间的竞争焦点已经变成技术与知识的竞争，而技术与知识竞争归根结底就是人才竞争。公司有了足够优秀的人才，就可以在竞争中占据优势地位。有些创业者为了让公司获得更好的发展，会拜托投资者引荐人才。聪明的投资者知道人才对公司的重要性，通常不会拒绝创业者的要求，甚至还会在其他方面为创业者提供帮助。

纽约一家游戏公司 Omgpop 的创始人查尔斯·福曼就非常幸运地拿到了有"硅谷教父"之称的传奇天使投资人罗恩·康威的投资。当 Omgpop 面临破

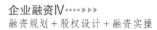

产时，罗恩·康威不仅为其提供资金支持，还四处寻求让公司解决危机的方法，并为公司引入了一批高精尖人才。而查尔斯·福曼则会用心对待这些人才，尽量让他们在公司充分发光。

对于查尔斯·福曼来说，罗恩·康威是非常有价值的投资者，二人在很多方面都很匹配。当然，他们的合作结果也非常明显：在罗恩·康威的指导和帮助下，Omgpop 推出了 Draw Something（你画我猜）社交游戏，一夜爆红，成功地以 2 亿美元的价格出售给 Zynga。以查尔斯·福曼为代表的创始团队与以罗恩·康威为代表的投资者都拿到了可观的回报。

优秀的投资者知道"只帮忙，不添乱"的投后原则，但绝对不是对任何事都不管不顾。他们会在融资完成后，把自己想象成公司一员，甚至将自己想象成公司创始人之一。当他们基于平等的关系与创业者相处时，会主动、自愿地为创业者提供资源，帮助创业者引荐高素质人才，从而夯实整个团队。

14.3.2　双方共同探讨下轮融资方案

公司如果需要融资，那就应该从自身需求和实际情况出发，制订一份合适的融资方案。而在通过融资方案顺利融资后，创业者还应该提前制订好下轮融资方案。

考虑到随着业务体系不断完善，公司的发展状态会发生变化，而且从这轮融资到下轮融资还需要一段时间的准备，创业者可以与现有投资者坐下来共同探讨，为下轮融资制订一份更合适的融资方案。一般来说，当公司银行账户里的资金只能支撑公司 18 个月的运营时，公司的融资方案就应当被制订出来，并及时启动。

如果你在创立公司的时候就已经定好融资方案，那就再好不过了。例如，当公司的运营状况达到某一层级时，启动哪一轮融资。投资者需要满足哪些条件，为公司提供哪些增值服务等。这样可以避免公司缺钱的时候融资无门，对公司发展造成一定程度的负面影响。

需要注意的是，对于天使投资者推荐的 A 轮投资者，创业者要谨慎一些因为天使投资者可能对 A 轮投资者不够了解。但是，对于天使投资者推荐的 Pre-A 轮的投资者，创业者还是可以接受的。

14.3.3　陈欧当时是如何认识徐小平的

2014 年，年仅 31 岁的陈欧在纽交所敲钟，其创立的聚美优品顺利上市，市值超过 38 亿美元。与此同时，以 18 万美元入股聚美优品、获得 10% 股权的徐小平，凭借聚美优品获得了上千倍的回报，一度在投（融）资界风光无限。

看似没有交集的陈欧和徐小平，是如何相识并相互欣赏的呢？

陈欧是在朋友的引荐下认识徐小平的。在陈欧为游戏对战平台 Garena 寻找投资者时，他的斯坦福大学校友、兰亭集势创始人郭去疾就决定把徐小平引荐给他。见到陈欧之后，徐小平立即决定为 Garena 投资 50 万美元，持股 10%。不过，当时因为学业问题，陈欧并没有拿徐小平的投资，此次融资不了了之。

两年后，陈欧留学归来，又一次遇到徐小平。在陈欧简单介绍了自己的游戏广告项目后，徐小平没有任何疑问，直接投资 18 万美元，甚至还将自己在北京市海淀区的房子低价租给陈欧作为办公场地。

随着市场的变革与创新，陈欧发现在线上售卖化妆品是一个不错的发展方向，而且当时还缺少权威的公司。于是，陈欧在做游戏广告项目的同时，上线了团美网（聚美优品的前身）。团美网凭借正品、平价优势，通过口碑相传，在短期内迅速发展，而后更名为聚美优品。

随后，在徐小平的支持下，陈欧停掉之前的游戏广告项目，专注于聚美优品的发展。

陈欧借助朋友的引荐找到投资者徐小平是极其幸运的。如果没有徐小平，谁也不知道陈欧会不会取得如此亮眼的成绩，也不知道会不会有聚美优品。

如果你正在寻找投资者，就应该尽可能将这一信息传播到社交圈里。无论是你的家人、朋友还是同事，都有可能为你引荐投资者。对于投资者来说，如果你的引荐人恰好是对他了解的人，他们会更愿意投资，这就是信任的力量。

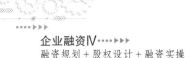
章末总结

1. 大多数公司都不会只做一次融资,而会根据自身发展阶段进行多次融资,培养持续融资的能力对于创业者来说很有必要。

2. 虽然投资者和创业者之间会有一定的矛盾,但毕竟双方的目标是一致的,即把公司做大做强。所以很多时候,双方应该求同存异,学会互相包容。

3. 走上融资之路的创业者对资金是渴望的,但除了资金,投资者提供的转型建议、资源、背书效应也很有价值。好的投资者可以与创业者分享经验,帮助创业者处理棘手问题,同时知道应该如何控制自己的权利。与这样的投资者合作,创业者怎么会不省心呢?

4. 正如不可能一夜之间就把一幢大楼建好一样,亲密的创投关系也不是一时三刻就能形成的,它需要我们花心思去维护。创业者必须深入了解投资者,与投资者保持积极沟通,并赋予投资者一定的归属感,让投资者觉得自己真正得到了重视。

5. 在签署融资合同的那一刻,创业者和投资者就已经成为"一根绳上的蚂蚱",成为一个利益共同体。无论何时,二者都要保持良好的关系,相互支持打气。尤其在公司陷入困境时,双方更要风雨同舟、共渡难关。

6. 创业是非常艰难的,几乎无法仅靠创业者一个人的力量获得成功。因此,当与投资者达成合作后,创业者要充分挖掘投资者的社交资源,让这些资源为己所用。

7. 与一些初出茅庐的创业者相比,投资者通常是更有经验的。因此,如果创业者面临后续融资的问题,可以寻求投资者的帮助,与其共同商议一个更完善的融资方案。